地域の一歩が、世界を変える。

2015年9月、国連サミットで「持続可能な開発目標
=Sustainable Development Goals(SDGs)」が採択され、
世界は「誰一人取り残さない」未来社会の実現に向けて動き出した。
その取り組みは、日本の自治体でも始まっている。
貧困問題や環境破壊は、遠く離れた国の出来事ではなく
私たちの暮らしの中にもある課題だ。
「持続可能性」という考え方は
コロナ禍によってますます予測困難となった現代を生き抜く力となる。
今こそ未来のことを考えて、行動に移そう。
持続可能なまちづくりを目指した自治体のアクションは
市民の参加なくしては成り立たない。
身近な地域社会をよりよくするための一人ひとりの小さな一歩は、
やがて地球の未来を変える大きな力につながっていく。

小泉進次郎

環境大臣／内閣府特命担当大臣（原子力防災）

巻頭／特集

SPECIAL MESSAGE

環境先進国として世界をリードできる存在に

世界各国が環境保護に向けて大きく舵を切る中、
日本もSDGsへの取り組みを通じて環境先進国に進化していくことが求められている。
SDGsという国際社会共通の目標を達成するためには、
まず地域レベルでの取り組みが欠かせない。
自治体は今後SDGsとどのように関わり、未来を築いていくべきか。
環境問題と対峙し、社会変革に挑む小泉環境大臣からメッセージをいただいた。

経済発展と環境保全を一体的に推進

２０２０年10月26日、菅首相の所信表明演説において日本は２０５０年までに温室効果ガスの排出を全体としてゼロにし、カーボンニュートラルを目指すことが宣言されました。脱炭素化の推進は、今後世界最大の成長産業になるでしょう。地球規模の課題を解決する産業、持続的に成長する産業であり、世界各国がこの分野でリーダーシップを取りにきています。日本もより積極的に関与していくべきではないでしょうか。日本人は昔から節約や省エネに対する意識が高く、昨今ＩＥＡ（国際エネルギー機関）などが言う節電や、ゴミの分別、燃費のよい車の選択をずっと行ってきました。こんなに省エネを頑張っている国はありません。ようやく時代が私たちに追いついてきたと言えるでしょう。

これまで、経済成長は産業界が、節約や省エネは国民がそれぞれに力を入れて取り組んできました。しかし、これからは一緒に走っていく。経済成長の裏で国民が生活する自然環境が失われることのないように、経済と環境が同軸で好循環を起こしていける、そうした国を目指していきます。環境省は水俣病を原点として多くの学びを得ており、一度失われた環境を取り戻すことの大変さを深く理解しています。世界をリードし得る技術を持った産業界の皆さん、そして国民の皆さんと共に、脱炭素社会の実現に向けて尽力していく所存です。

環境省が取り組む「3つの移行」

「脱炭素社会への移行」を進める背景には気候変動の危機的な状況があります。2020年にも世界各地で異常気象が発生し、北半球は1880年以降の観測史上最も暑い夏となりました。2015年に合意されたパリ協定では世界の平均気温上昇を1・5度に抑える努力目標を立てていますが、そのためには2050年までに世界全体の温室効果ガス排出量を実質ゼロにしなくてはなりません。そこで欧州グリーンディールなど、世界で脱炭素化に向けた動きが活発になっています。日本でも取り組みは進んでおり、これまで6年連続で温室効果ガス排出量の削減を達成しました。また、2050年CO_2排出実質ゼロを表明する「ゼロカーボンシティ」も続々と増えて、自治体数で200に達し、人口規模では9000万人を超えました(2020年12月現在)。自治体のエネルギー収支は9割が赤字で、新型コロナの影響もあって好転の見通しが立てづらい状況にありますが、再生可能エネルギーが主力電源になれば、エネルギーの地産地消が進み、間違いなく地域にお金が落ちていく。自治体の財務状況は好転し、地域の経済も循環し始めるでしょう。再生可能エネルギーを地方創生につなげ、市民の方々の持続可能で快適な暮らしを実現していかなければなりません。

同時に、環境省は「循環経済への移行」も進めていきます。関連する施策として、2020年7月からレジ袋の有料化に踏み切りました。今後はプラスチック資源循環戦略をさらに具体化し、リサイクル設備の導入やプラスチック代替素材への転換を支援していきます。日常生活でできるのは、マイボトルの持ち歩き。日本の水は美味しくコストも低いので、ぜひより多くの人に実践していただきたい。

そして、もう一つの目標としているのが、「分散型社会への移行」です。今回のコロナ禍で東京一極集中のリスクが浮き彫りになりました。この状況から脱却するためには、地域を軸としたビジネスやライフスタイルへの変革が欠かせません。そこで、地域で電力を賄うマイクログリッドの構築や、豊かな自然の中でのワーケーションの促進などに取り組んでいきます。

地域に眠る水力や太陽光、風力といった再生可能エネルギー、国立公園をはじめとした自然資源はかけがえのない宝です。それらの価値を掘り起こすことは、地域での資金循環や雇用創出に結び付き、地域経済活性化の切り札になります。農産物だけでなく、地域に存在するあらゆるものの「地産地消」によって、共に持続可能な社会を創造していきましょう。

小泉 進次郎

環境大臣
内閣府特命担当大臣(原子力防災)

1981年生まれ。関東学院大学卒業後、米国コロンビア大学にて政治学修士号を取得。米国戦略国際問題研究所研究員を経て、2009年より衆議院議員を務める。2011年、自民党青年局長に就任。2013年に内閣府大臣政務官 兼 復興大臣政務官に就任し、東日本大震災からの復興に全力を尽くす。2015年、自民党農林部会長として農政改革に取り組む。2018年10月、自民党厚生労働部会長として人生100年時代に向けた新たな社会保障の実現に取り組む。2019年9月、環境大臣 兼 内閣府特命担当大臣(原子力防災)に就任。2020年9月、環境大臣 兼 内閣府特命担当大臣(原子力防災)に再任。

3つの移行を通じて「地域循環共生圏」をつくり、地域でのSDGsの実践（ローカルSDGs）を目指す

地域循環共生圏とは ～地域が自立し、支え合う関係づくり～

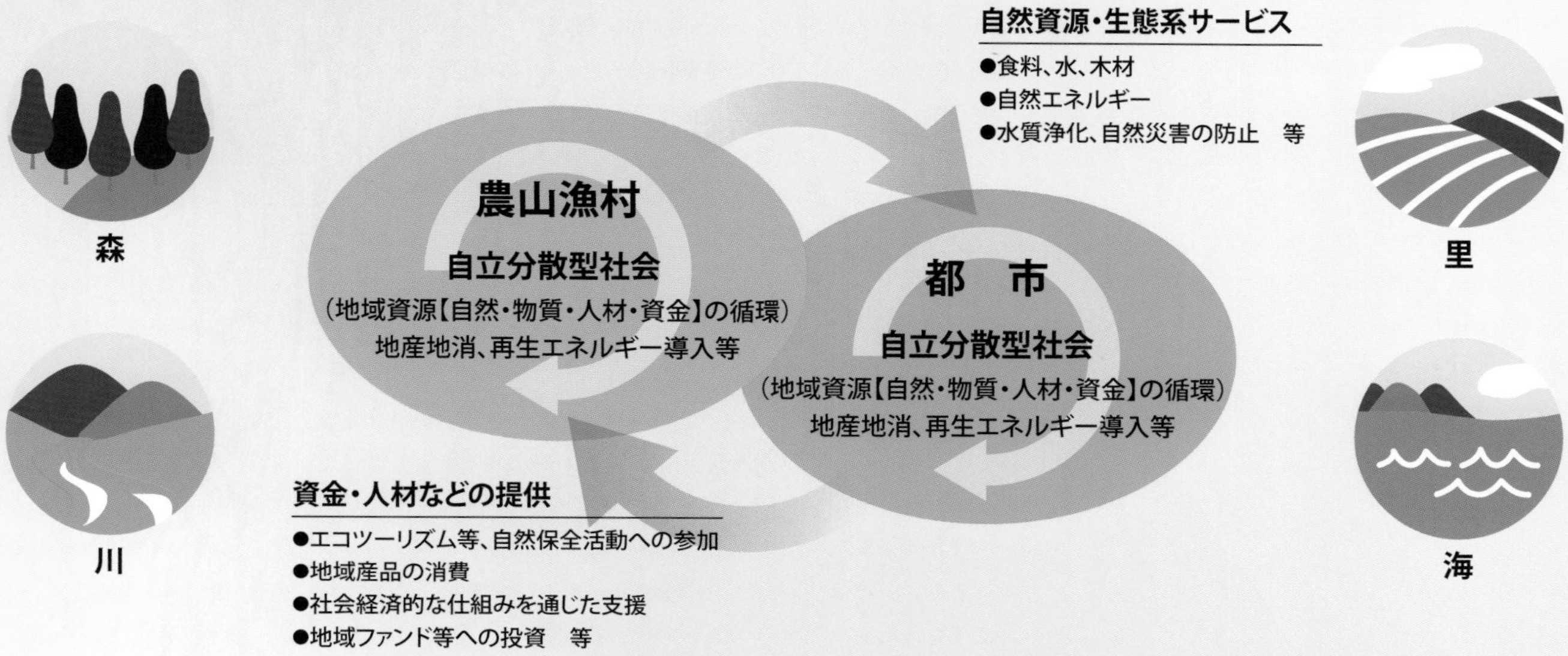

森里川海プロジェクト

SDGsの考えを個人・企業単位に普及啓発

つなげよう、支えよう 森里川海

地域循環共生圏の実現に向けて「森里川海を豊かに保ち、その恵みを引き出すこと」「一人ひとり、一社一社が、森里川海の恵みを支える社会をつくること」を目指すプロジェクト。森里川海の大切さを啓発するイベントの実施や絵本・読本の制作を行うと共に、Webサイトでも「SDGsを実践するための暮らしのヒント」の紹介や「暮らしを変えるSDGsチャレンジ」といった動画の配信に取り組んでいる。

グッドライフアワード

ローカルSDGsの理念を具現化した取り組みを表彰・周知

GOOD LIFE AWARD

日本各地で実践されている「環境と社会によい暮らし」に関わる活動や取り組みを募集して紹介、表彰し、活動支援や情報交換の促進につなげていく事業。エコでソーシャルな活動の例として、都市と農村のエコな交流、里地里山整備による復興に関する活動などが挙げられる。「みんなの力で社会は変わる！」との理念のもと、草の根の国民参加型の事業として実施している。

持続可能な未来をつくる

新しい時代の新しい暮らし

最近よく聞く「SDGs」や「持続可能性」という言葉。

注目されている背景にどのような問題があるか、どのように暮らしに取り入れるべきか、理解していますか？

深刻な課題が世界にあふれ、いよいよ後戻りできない状態にさしかかった今、
意識やライフスタイルの転換が求められています。

持続可能な未来のためにできること、一緒に考えてみませんか。

世界に受け入れられ取り組みが広がるSDGs

国連サミットでSDGsが採択されて5年が経過。近頃は雑誌やテレビ番組などで17色のカラーホイールをよく目にするようになりました。SDGsが世界に広く浸透した背景には、目標達成に向けて「すべてのステークホルダーの役割を重視」していることが挙げられます。これまでの国際条約や開発目標とは異なり、SDGsでは政府・NGO・NPOだけでなく民間企業にもアクションを起こすことを求めたのです。

グローバリズムが世界に経済成長をもたらした一方、環境破壊や経済格差が課題となり、企業の社会的責任が問われていた中でのSDGs採択。その理念や目標は経済界にも好意的に受け止められ、ヨーロッパ諸国の企業を中心にSDGsへの関心が高まっていきました。SDGsを経営に取り入れることで自社のブランドイメージ向上やビジネスにもつながるため、積極的に取り組む企業も増えています。

SDGsの真価が問われる新しい時代の幕開け

2020年、新型コロナウイルス感染症の流行拡大は世界に大きな打撃を与えました。グローバリズムが停滞し、自国第一主義的な思想が芽生えつつあったタイミングでのコロナショック。感染拡大防止と経済回復で意見が割れ、感染者や医療従事者に対する差別も見られるなど、社会の分断が進みました。他方で、非接触タッチパネルなどの新しいテクノロジーの誕生やオンライン活用の拡大など、プラスの影響も少なからず見受けられます。2030年に迎えるSDGsの達成年まで10年を切った今、世界はこうした大きなうねりの中にあるのです。

この状況を持続可能な未来構築のチャンスと捉え、社会の分断や地球規模の課題に立ち向かうべきではないでしょうか。私たちに求められているのは、よりよい未来に向けてどのような選択ができるかを考え、行動すること。SDGsが掲げる「誰一人取り残さない」という

What's "SDGs"?

世界を変えるための17の目標

持続可能な社会を実現するための開発目標、SDGs。幅広い分野の諸課題が挙げられていますが、それぞれのゴールは独立したものではありません。4つのカテゴリーに分類すると互いの関連性が見え、課題の統合的解決を目指す重要性がわかります。

SUSTAINABLE DEVELOPMENT GOALS

環境

私たち人間の営みは自然環境によって支えられています。社会・経済活動を行う際の基盤を守るための目標です。

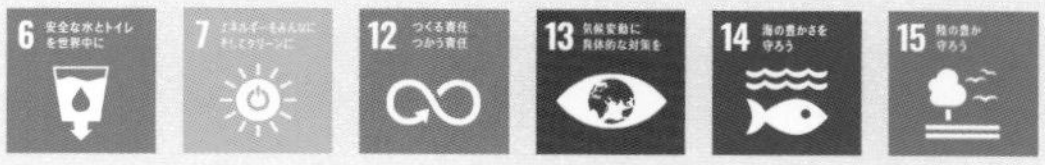

社会

すべての人が尊重され、自分らしく生きていける社会を構築するための目標。人々の暮らしの最適化を目指します。

経済

経済活動は安定した環境・社会の上に成り立つもの。健全な環境・社会を保ちながら経済成長を実現するための目標です。

ガバナンス

環境・社会・経済の3側面のバランスを保ちながらSDGsを達成するために不可欠な指針や手段を指します。

実は身近なSDGs

企業とSDGs

企業が持続的に発展していくには、SDGsへの取り組みが欠かせません。消費者や投資家の間でも、環境・社会に配慮している企業を選ぶという風潮が広まっています。経営戦略上だけでなく、従業員がSDGsを正しく理解し実践することも重要です。

地方創生とSDGs

地方創生には、人口減少と地域経済の縮小に歯止めをかけ、人々が長く安心して暮らせる持続可能なまちづくりを進めることが重要。SDGsを1つの指針に、安定した雇用の創出、子育て支援制度の整備、観光資源の活用促進を図る自治体が増えています。

女性とSDGs

日本の政治・経済をはじめとするあらゆる分野において、意思決定の場はいまだ男性優位の傾向があります。ゴール5で目指す「ジェンダー平等」は、女性が自分らしく活躍できる社会をつくるために避けては通れないものです。

基本理念は、「ＳＤＧｓによる全員の救済」だけではなく、「全員が当事者として考え、責任を負う」という意味でもあります。遠い世界の話だから、誰かがやってくれるから、と目を背けることはできません。

意識の転換、そして問題に向き合うことが重要

ＳＤＧｓ達成に向けて個人レベルで何ができるのでしょうか。今日から気軽に始められ、かつ効果的な取り組みを紹介します。

LET'S TRY IT !

今日からできる サステイナブルな暮らし方

日々の行動を少し変えるだけで、
SDGs達成に貢献できることはたくさんあります。
サステイナブルな暮らし、今日から始めてみませんか？

01

食べ残しをしない

日本は食料の約60%を海外からの輸入に頼っているにもかかわらず、毎日1人当たりお茶碗1杯分の食べ物を廃棄しています。貴重な資源を無駄にしないために、食べ切れる分だけ購入すること、残さず食べることを心掛けましょう。

02

家事分担について話し合う

家事に費やす時間、男性より女性のほうが多くなっていませんか?意図せず家庭内でジェンダー不平等が起こっているかも。それぞれの家族の形に合うルールを決めたり、感謝の気持ちを伝え合ったりしてみましょう。

03

不用品をオークションサイトで売る

家庭から出るゴミの総量は、1年間でなんと東京ドーム約115杯分。処分の際に発生する温室効果ガスの削減のためにも、「使わなくなったけど、まだ使えるもの」はゴミ箱に入れるのではなく、オークションサイトに出品を。

04

ハンデを持つ人に声を掛けてみる

まちで白杖を持った人やヘルプマークを付けた人を見掛けたら、勇気を出して「お手伝いしましょうか」と声を掛けてみましょう。障がいの有無にかかわらず、誰もが暮らしやすい社会にしていきましょう。

今すぐにでも実践できるのは「知ること」です。世界で何が起こり、問題になっているのか。解決すべき課題とは何か。テレビや新聞、インターネットから情報を得て、自分なりに考えを深めてみましょう。そうすると、SDGsが自分の生活と無関係ではないことが見えてくるはずです。それぞれの目標を自分事として捉える姿勢を持つこと自体がSDGs達成につながります。

そうして生まれた自分の考えを家族や友人に伝えたり話し合ったりすることも、意義のある行動です。異なる立場・視点からの意見を聞いて考えを深め、SDGsの価値や意義の理解につなげましょう。

生活の小さな変化で未来は大きく変わる

SDGs達成には公正な社会や平和が不可欠です。そのために私たちができるのは、政治に積極的に参加すること。日本では、政治を運営する権利を持っているのは国民一人ひとりであり、政治家はあくまで国民の代表者です。選挙に行き自分たちの代表

05

認証マークの付いた商品を選ぶ

フェアトレード認証や環境ラベルなどのマークは、その商品が社会・環境に配慮した方法で生産された証。ショッピングの際は、認証マークが付いたものを選ぶ「エシカル消費」を意識しましょう。

06

ひと駅分歩く

健康のためには、バランスのとれた食事と十分な睡眠、そして適度な運動が欠かせません。運動不足を感じている人は、最寄り駅の1つ手前で電車を降り、自宅まで歩くのを習慣にしてみては。

07

旅行で被爆地に行ってみる

被爆地や被災地を旅してみると、知らなかったことが知れたり、地域の人から話が聞けたりするかもしれません。今の日本では当たり前のようにある「平和」について、一度考えてみませんか。

08

SNSで自分の意見を発信する

社会への疑問や理想の未来について、あるいはSDGs達成のために実践していることについて、SNSを通じて発信してみましょう。あなたの思いを伝えることで、周囲の人の行動も変えられるかもしれません。

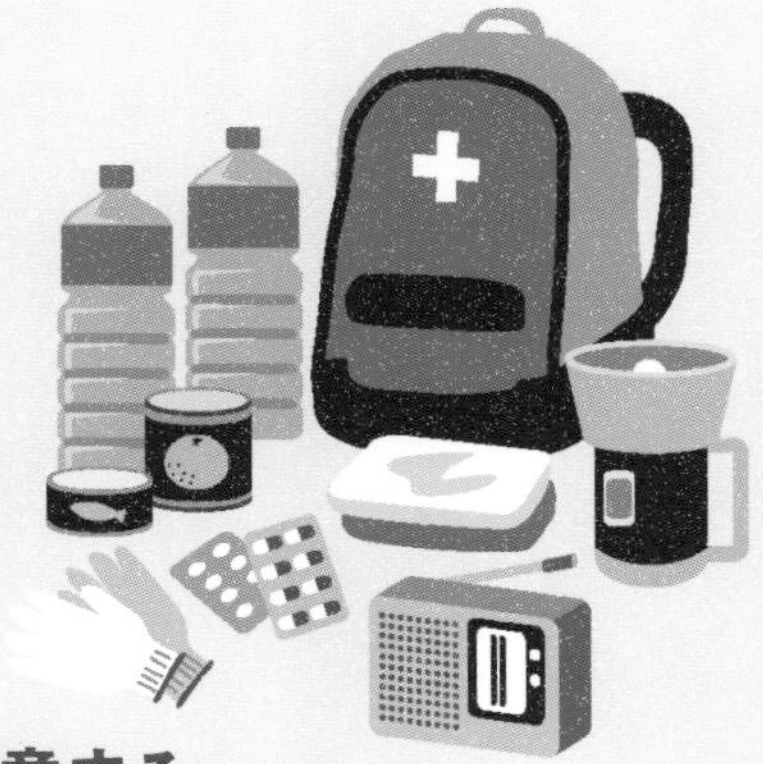

09

防災グッズを用意する

災害が発生してインフラが止まったとしたら。食料供給が不安定になったとしたら。非常時に備え、災害レジリエンス(回復力)の強化を図りましょう。まずは防災グッズの準備・見直しから。

10

積極的に政治と関わる

政治のことは政治家に任せっきりではいけません。選挙は「自分たちの代表者」を選ぶ貴重な機会。あなたの大事な1票、持続可能な未来のために有効に使ってください。

者を選ぶ行為は、社会をよい方向へ動かしたいという意思表示になります。

また、日常生活における行動を少し変えるだけで、持続可能な社会の実現に直接貢献できます。例えば、スーパーマーケットで食料品を購入するとき。何気なく手に取った商品は、児童労働によって生産されていたり、環境に悪影響を及ぼす方法でつくられているかもしれません。商品の購入を通じて、知らない間に児童労働や環境破壊に加担してしまう可能性もあるのです。そうならないために「誰が、どこで、どのようにつくったものか」を意識しながら商品を選び購入することを、「エシカル(倫理的な)消費」といいます。商品・サービスを提供する企業側だけでなく消費者側にも責任があることを自覚し、買い物の際はエシカルな選択を心掛けてください。

世界のあらゆる領域でパラダイムシフトが起こっている現代。持続可能な社会の実現は、今を生きる私たちに懸かっています。

(株式会社WAVE/WAVE・SDGs研究室)

スペシャル対談

日本の海と食文化を守り継ぐ

東京海洋大学名誉博士／客員准教授

さかなクン × JF全漁連

海洋環境を守ることの大切さや持続可能な漁業、海や魚を通じたSDGs（持続可能な開発目標）とは。さかなクンと、漁業者の全国組織であるJF全漁連常務理事の三浦秀樹氏が語り合った。

じたSDGsとは

海や魚を通

さかなクン　三浦常務さま！　皆さま、こんにちは！　さかなクンです。全国の漁師さんが漁を営むうえで大切な〝海〟、そして〝お魚〟を通じたＳＤＧｓってなんだろう、というテーマをギョ一緒に考えさせてください。

三浦　ＳＤＧｓには17の目標がありますが、今日のテーマの海や魚を通じた〝漁業版ＳＤＧｓ〟にはどれが当てはまると思いますか？

さかなクン　14番の「海の豊かさを守ろう」ですね。

三浦　正解！　それは私たちの活動の基本ですね。一方で、全国の漁師さんやＪＦ（漁業協同組合）、そしてＪＦ全漁連の活動をＳＤＧｓに照らし合わせてみたら、合計で11の目標が当てはまりました。13番の気候変動や12番のつくる責任、2番の飢餓撲滅など、その目標は多岐にわたります。

さかなクン　ギョギョッ！　一つひとつが、とっても大切でギョざいますね。

三浦　一見大変そうですが、実は漁師さんが当たり前のように取り組んできたことばかりです。漁獲や養殖の準備、実際の操業、皆さまにお魚を食べてもらう場面のそれぞれにＳＤＧｓは関係しています。

さかなクン　そうなのですね。漁業とＳＤＧｓはどのように関わっているのでしょうか？

三浦　漁業の準備段階では、海の環境を守ることと、魚を増やすことが必要です。そこで、海の生物の〝ゆりかご〟となる藻場や干潟などの沿岸地域の保全活動を実施したり、森・川・海の水や栄養の循環を適切に維持するため山に木を植えたり、海浜清掃に励んだりしています。魚を獲る場面では、小型魚のリリースや休漁期間・保護区域の設定、漁獲量の制限といったルールを設けて、持続可能な漁業を実践。水揚げ後は、安全で新鮮な魚介類をいち早く食卓にお届けできるよう、漁業者や地域のＪＦが鮮度・衛生管理を行って出荷するなど、雇用や経済を支えながら、地域を担う存在として活躍しています。こうした活動について漁師さんが学校で出前授業をするなど、教育にも取り組んでいます。

あっ、出前授業は、さかなクンのほうがプロですね。

さかなクン　ギョギョ！　ありがとうギョざいます。漁業に携わる皆さまのお取り組みの素晴らしさに感銘を受けます。浜の皆さま！　いつもありがとうギョざいます。

三浦　こちらこそ（笑）。ＪＦグループとしても、全国の新運動方針の中でＳＤＧｓを通じて広く社会と連携していくことを宣言・実践しています。

さかなクン　そうなのですね。漁業版ＳＤＧｓの中で「お魚を守る」という点ではいかがでしょうか？

三浦　「魚を守る」、つまり資源管理には大きく分けて3つの手法があります。漁の前段階で漁船の隻数やサイズ・操業期間を制限する「インプット・コントロール」、網の数や魚種・サイズを制限する「テクニカル・コントロール」、そして漁獲量を制限する「アウトプット・コントロール」です。こうした管理手法を、行政機関による公的規制や、漁業者が自ら行う自主管理と組み合わせて実践しています。

さかなクン　具体的に教えてください。

三浦　例えば、瀬戸内海では11府県の漁業者が参加して広域的な資源管理を実践しています。瀬戸内海のサワラ漁獲量は１９８６年頃に約６０００ｔありましたが、獲り過ぎたため、１９９８年には２５０ｔまで激減しました。そこで漁師さんと行政が立ち上がり、２００２年に広域管理の協議会を立ち上げ、網目の拡大や秋漁の禁漁、漁獲量規制などさまざまな手法を組み合わせて管理を行いました。その結果、漁獲量は２０００ｔ以上にまで回復しています。

さかなクン　すギョいですね！！　魚偏に春と書いて〝鰆〟というのは、春に瀬戸内海に産卵のため

Profile

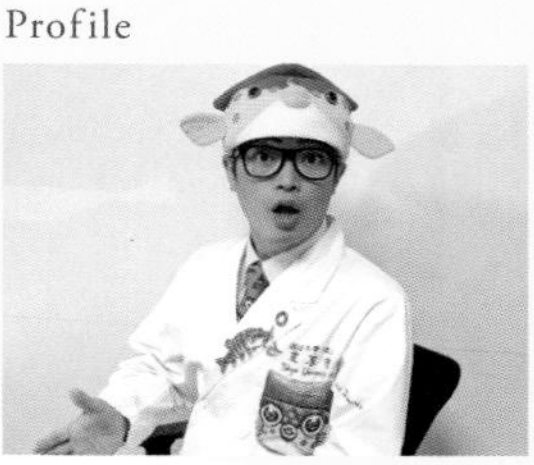

さかなクン

国立大学法人 東京海洋大学名誉博士／客員准教授、農林水産省お魚大使、JF全漁連魚食普及推進委員。YouTube「さかなクンちゃんねる」(https://www.youtube.com/c/sakanakun)。

全国漁業協同組合連合会 常務理事

三浦 秀樹

1988年に入会。2014年に水産物消費拡大対策部長に就任後「プライドフィッシュプロジェクト」を立ち上げ、数々の消費拡大活動を推進。現職に至る。

集まるからと言われます。そして、産まれた子はすくすく育ちますので、瀬戸内海はまさに！　サワラちゃんのふるさとでもある貴重な海。大切にされるお取り組みによってサワラちゃんの数が回復され、素晴らしいです!!　でも、資源管理が実を結んでお魚が増えるならうれしいですが、難しいことも多いですね!!　近年では、サンマちゃんやサケちゃん、スルメイカちゃんなど、とっても人気のあるお魚やイカちゃんが減っているのが心配です。気候変動なども大きく関わっていそうですね。

三浦　気候や生態系の変動で、魚の発生や来遊が大きく変わってきています。資源減少は獲り過ぎが原因と決めつける人もいますが、実はそうでないことのほうが多いのです。例えばサンマ。例年は北部太平洋沿岸海域を南下しながら来遊しますが、近年は沿岸の海水温度が高く、寄り付かなくなりました。三陸のはるか沖合の、日本の経済水域ではない公海にいることが多いので、規制をしている日本の小さな沿岸漁船は獲りに行けません。しかし、公海では規制などがほぼない大規模な外国漁船が先獲りしてしまって、資源に影響が出ています。生態系変動で最近増加しているマイワシとの餌場の競合で、さらに日本沿岸に寄り付かなくなっているとも言われています。

さかなクン　さまざまな原因が考えられますね！　地元の房総半島・館山の漁師さんの漁業を見せていただいても、南のお魚を多く見るようになりました。沖縄県の県魚〝ぐるくん〟のタカサゴちゃんも多く獲れるようになり、ギョギョッとびっくり!!　海の中を見ると、とってもカラフル。サンゴも増えていることが知られています。

三浦　先日、全国の若手漁業者と意見交換したのですが、近年海水温が1度くらい上がり、漁期が変わってきているみたいです。北海道ではサケの来遊が大幅に減少し、代わりにブリが来遊するようになりました。鹿児島県の藻場では、在来のホンダワラが南方系の種に変わって爆発的に増加しています。こうした海洋環境変化による資源の減少や来遊・魚種交代が全国で起こり、漁師さんは対応を迫られているのです。

さかなクン　「気候変動に具体的な対策を」というのがＳＤＧｓの目標13にありましたね。〝海を守る〟というテーマだと、漁業に携わる皆さまはどんな活動を行っていらっしゃいますか?

三浦　漁場や産卵場の造成、CO_2の減少に向けて、「アマモを植える」「干潟を耕す」「サンゴを育てる」といった沿岸域の保全活動に、全国の漁師が中心になってつくった７５１のグループ・約10万人の方々が日々取り組んでいます。そして、大きな問題なのが海ゴミ。漁業ゴミもありますが、海洋プラスチックゴミの約８割以上が陸域からの流入と言われ、漁業者自身はゴミをできるだけ出さないようにしながら、その回収に努めています。海底から日常的にゴミを回収する方法は、漁業以外にありません。小型底曳き網漁業者が操業中に回収したゴミを持ち帰り、それを行政が引き取って処理するなどの取り組みが各地で行われています。また、地域の人たちと協力しながら、海岸や漁港周辺での清掃活動も実施しており、活動人数は毎年１００万人に上るほど。海から離れますが、昔から魚付林といって、山や森から来る栄養塩が海の豊かさを守るために必要だということを漁業者は経験的に認識しています。累計１００万本以上の植樹や枝打ちを漁師さんたちは行ってきました。

ＳＤＧｓの目標15「陸の豊かさも守ろう」にも通じますね。

さかなクン　資源管理や環境保全。地域を守るために素晴らしい活動をされていることに感銘を受けます。応援したいです。私たちがギョ一緒にできることはありますでしょうか?

三浦　消費者として参加する方法があります。私たち国内の漁業関係者が立ち上げたマリン・エコラベル・ジャパン、通称「ＭＥＬ」という水産エコラベルのプロジェクトです。日本独自の漁業形態にも配慮しながら、水産資源の持続的利用、環境や生態系の保全活動を積極的に行っている漁業・養殖業の生産者と、その水産物を加工・流通している事業者を認証する水産エコラベルで、国連食糧農業機関のガイドラインにも沿っています。このマークの水産物を皆さまが選べば、豊かな海を守る日本の水産業と魚食文化の応援につながるのです。認証は北海道漁連の秋サケや福島県漁連のサバ、大阪湾のイカナゴ

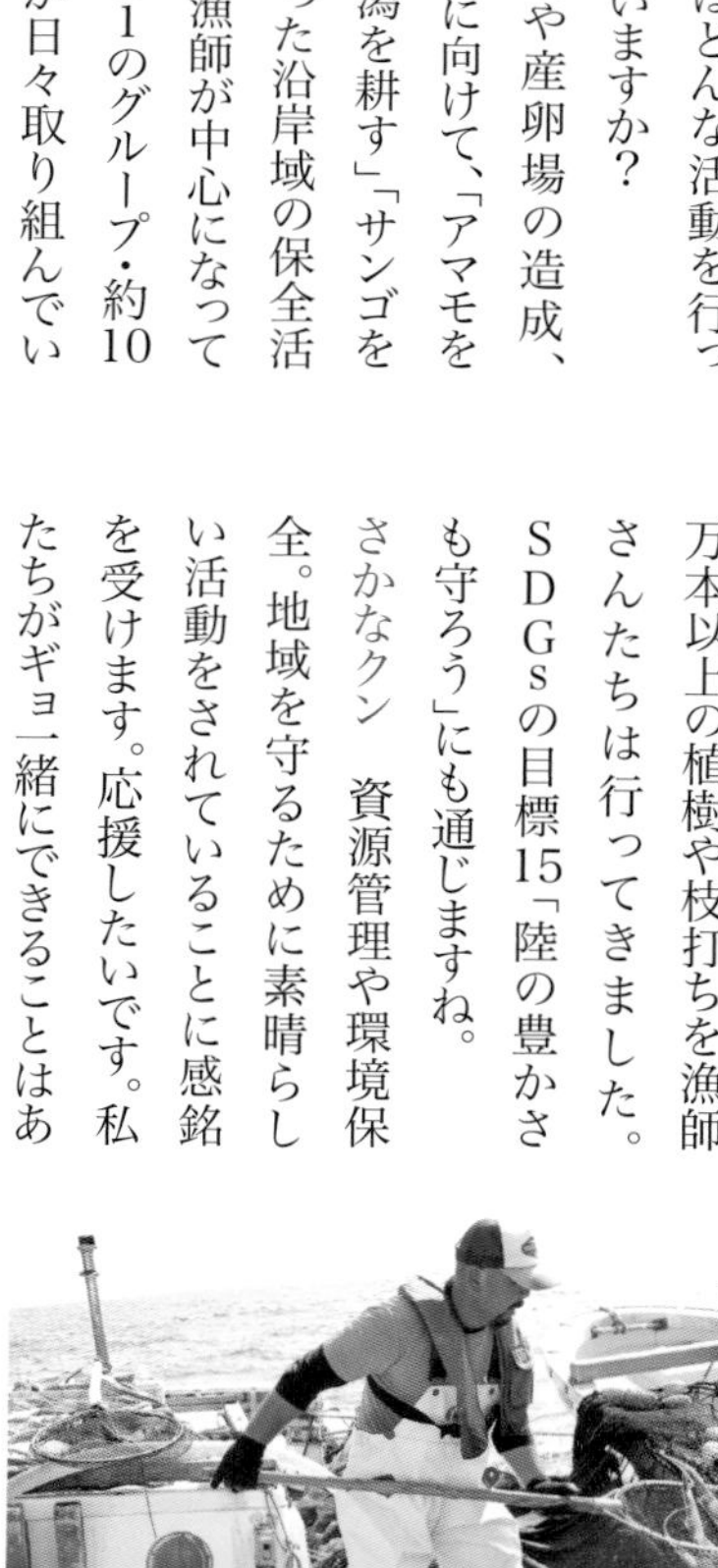

などに広がっています。

さかなクン　私たちも浜の皆さまのギョ活動に参加できるんですね♪ これからはしっかりと意識して水産物のお買い物をします♪

最後に〝食を守る〟という観点で、JF全漁連さまやJFの皆さまのお取り組みを教えてください。

三浦　水産物の消費量は、ライフスタイルの変化や旬・食べ方を教えてくれた町の魚屋さんの減少など、さまざまな要因で年々減少しています。昔から魚食育活動や消費拡大PR活動に取り組むJFグループは、2014年度から漁師がお勧めする今一番食べてもらいたい旬の魚を紹介する「漁師自慢の魚〈プライドフィッシュ〉プロジェクト」をスタートさせ、食べられる店・買える店などの情報発信やPRイベントも展開してきました。さかなクンも特別委員として参加していただいていますよね。

さかなクン　はい♪ 毎年ギョ開催されるFish-1グランプリのステージイベントやいろいろな取り組みに参加させていただいています。プライドフィッシュは季節ギョと(ごと)・都道府県ギョと(ごと)に地元の漁師さんがおススメする魚介藻類が選ばれているんですよね♪

三浦　そうです。現在(2020年11月末現在)278魚種が選定され、WEBサイトに公開されています。多くの方々のご協力のおかげで今や年間アクセス数は120万件を超えるほど！ さかなクンはプライドフィッシュとABCクッキングスタジオとのコラボに参加していますね。

さかなクン　そうなのでギョざいます♪ 漁師さんがおススメする自慢のお魚をギョ紹介、どうやったらおいしく食べられるかを、ABCクッキングスタジオの先生に教えていただきながら料理をつくることをYouTubeさまの〝さかなクンちゃんねる〟でギョ紹介しています。この前もすっギョく大きな「かぼすブリ」ちゃんをお料理させていただきました。さわやかな味わいで最高においしかったでギョざいます♪

三浦　料理と言えばJF全漁連では長年シーフード料理コンクールを実施しています。毎年テーマを変えてプロの料理人を目指す学生や一般の方から広くレシピを募集し、農林水産大臣賞などを受賞した作品はWEBサイトやレシピブックで紹介しています。さかなクンには長年審査員を務めていただき、昨年度は第20回記念として基調講演もありましたね。

さかなクン　はい♪ 皆さまの創意工夫あふれるお料理が毎年とっても楽しみでギョざいます♪ 今年は新型コロナウイルスの影響で皆さまにお会いできないのも、食べられないのもショックでギョざいます。来年こそは！

三浦　私も審査員の一人なので大変残念です。JF全漁連はそのほかにもたくさんの魚食普及や国産水産物の消費拡大に向けた取り組みを国内外で展開しています。これからも一緒に魚食を盛り上げていきましょう！

さかなクン　漁師の皆さま、さかなクンももっともっとはりきって頑張りますので、ギョ一緒によろしくお願いしまーす！

COLUMN

漁業や魚のWEBメディア「Sakanadia（サカナディア）」

「漁業の話をみんなで楽しく」をメインコンセプトにJF全漁連が運営する漁業や魚の情報を発信するWEBメディア。全国の漁師や漁業協同組合の活動・取り組みなどをコラムや漫画で楽しく、わかりやすく発信しているほか、漁業とSDGsについても紹介しています。

漁業のはなしをみんなでたのしく Sakanadia

漁師自慢の魚 プライドフィッシュプロジェクト

海と魚を知り尽くした全国各地の漁師が、季節ごとに「今一番食べてほしい魚」を選び、消費者とおいしい魚を食べたときの感動を共有するためにスタート。旬の魚の情報だけではなく、ご当地のお店や料理レシピの発信、飲食店とのフェアなど実消費に結び付けるための取り組みを展開しています。

漁師が選んだ、本当においしい魚 PRIDE FISH

STAINABLE AROUND YOU

社会が取り組む、SDGsアクション

持続可能な社会の実現を目指して、企業・団体が連携しながらさまざまな活動に取り組んでいる。
その挑戦は、一般生活者の参加を促しながら確実に成果を上げている。

DATA
株式会社りそなホールディングス
りそな銀行、埼玉りそな銀行、関西みらいフィナンシャルグループ（関西みらい銀行、みなと銀行）の4行を中心とした金融グループ
［設立］2001年12月12日
［連結従業員数］20,760人（2020年3月末現在）
［有人店舗数］833店舗
（2020年3月末現在/グループ銀行合算）

りそなグループ

RESONA

— 銀行の枠を超えてSDGsに向き合う

新たな価値を提供することで、持続可能な社会の実現に貢献する

ＳＤＧｓは世界共通のゴールとして認知されています。しかし、目標達成までの道のりは、自らが考えながら、手探りで推進していく必要があります。地域とリテールに軸足を置き、地域密着型で事業を展開している当社グループは、２０１８年11月、「２０３０年ＳＤＧｓ達成に向けたコミットメント（Resona Sustainability Challenge 2030）」において、優先的に取り組むべき課題の1つに「地域経済の活性化」を掲げました。また、２０２０年5月に公表した中期経営計画においては、コミットメントの達成を通じて我々が目指す「持続可能な社会」と、「りそなグループの持続的な成長」の共鳴※を中長期的なビジョンに掲げています。お客さまのこまりごとや社会課題を起点にビジネスを考え抜き、これまでの常識や枠組みにとらわれることなく、新たな価値を提供していきたいと考えています。

※ りそなの語源はラテン語で「共鳴」

自治体と協働し、地域の課題を解決

りそな銀行を中心に「ＲＥＥＮＡＬ（リーナル）」という独自の手法で、新たなマーケットの創出等を通じた地域活性化に取り組んでいます。「ＲＥＥＮＡＬ」とは、ＲＥＳＯＮＡ（りそな）とＲＥＧＩＯＮＡＬ（地域の）を掛け合わせた造語ですが、その名の通り、自治体や地域の企業の皆さんと協働しながら、これまでに５００以上の新規事業、地域経済活性化などにつながる施策の具体化に取り組んできました。こうした活動は、持続可能なまちづくりという社会的価値の創出が目的ではありますが、「りそな」にとっても、資金需要をはじめさまざまな形で、新たなビジネスチャンスにつながっています。

また、埼玉りそな銀行では、ＳＤＧｓを原動力に官民連携での自律的好循環ビジネス創出を目的とする社内横断型の「官民連携ＳＤＧｓプロジェクト」を立ち上げ、自治体と連携した地域社会づくりなどに取り組んでいます。例えば、埼玉県の小川町では、統廃合が行われる小中学校跡地の再開発において埼玉りそな銀行が中心となり、介護・福祉施設の誘致やサテライトオフィスの設置など、地域のこまりごとに応えることで地域の活性化を推進しています。これまでは、お客さまの資金ニーズを中心にビジネスを考えがちでしたが、今後はお客さまの「こまりごと」の解決、新たな社会課題への対応を

SU

PROFILE
株式会社りそなホールディングス
取締役兼代表執行役社長
南 昌宏 MINAMI Masahiro

起点に、自らのビジネスを再構築していく必要があると考えています。

また、「滋賀SDGs×イノベーションハブ（関西みらい銀行）」や「神戸産官学SDGs研究会（みなと銀行）」では、地域の課題を起点として自治体と地域企業が連携し、地域経済と各社の発展に向け共に活動をしています。

お客さまと共にSDGsを推進

当社グループは、約50万社の中堅・中小企業、約1600万人の個人のお客さまにお取引をいただいております。こうした「りそな」を支えていただいている大事なお客さまとSDGsの意義を共有させていただくことも、我々の重要なミッションの1つと考えています。

個人のお客さまに向けては、「みらいE-us（イーアス）プロジェクト」を実施しています。これは身近な投資信託を活用して、ESG投資を通じた安定的な資産形成のサポートを行うと共に、収益の一部を奨学金の原資として寄付させていただく仕組みです。学ぶ意欲のある若者を支えるという社会的な意義はもとより、これまで投資に興味がなかったお客さまにも共感を覚えていただくことで、我々のビジネスチャンスにもつながっています。

中堅・中小企業のお客さまにおいては、「SDGsコンサルファンド」をご利用いただいた際に、りそな総合研究所がSDGsに関する簡易コンサルティングを無料で実施しています。CSR調達の拡大に伴うサプライチェーンに係るリスク認識や、自社の事業とSDGsを結びつけるマッピング支援、SDGsの社内浸透支援が、SDGsを「自分ごと化」していただく機会になっているのではないでしょうか。

これからの社会で求められること

近年のテクノロジーの進化は、お客さまの金融行動にも大きな変化をもたらしています。こうした中、コロナ禍において、スマートフォンの「りそなグループアプリ」の活用が大幅に増加するなど、非対面・非接触による取引ニーズが高まっています。これまで我々がデジタル化推進に注力してきたことは、間違いではなかったと実感しています。一方で、当社グループは、face to faceによるお客さまとの接点を何よりも重視しています。今後は、対面と非対面、そしてデータが融合していくことで、face to faceはより特別なお客さまとの接点になっていくものと考えています。

地方創生とSDGsの機運が高まり、スマートシティ構想を推進する自治体も増えてきた状況下、新しい発想で物事を捉え、自社の基盤や知見・ノウハウはもとより、異業種の方々とも広く深くつながっていくことで、新たな価値創造に挑戦していきたいと考えています。永いリテール特化の歴史に裏打ちされた地域やお客さまとの信頼をベースに、新たな発想やテクノロジー等も駆使しながら、地域や自治体の皆さま方と共に、SDGsの実現に向けて着実に歩を進めていきたいと思います。

DATA
非営利団体セサミワークショップ
［設立］1969年11月
［展開国数］160カ国以上

SESAME STREET

―セサミストリート×ローカルコミュニティ
次代の担い手を育む、持続可能な子ども支援

地域との協力で始まる セサミストリートの新たな挑戦

1969年の放映開始以降、セサミストリートは世界160カ国以上で親しまれてきました。愛らしいキャラクターたちが体現しているのは、子どもたちが「かしこく、たくましく、やさしく」育つ、持続可能な世界です。

理想とする社会の実現を目指し、テレビ番組以外にもセサミストリートはさまざまな活動を展開しています。その1つが2015年に米国で始まった「セサミストリート・イン・コミュニティーズ」です。ホームレスや親の薬物依存などの環境下にある子どもの支援を行う自治体や団体、保護者に私たちの強みである教育リソースを提供する取り組みです。2020年9月にはアメリカの3つの自治体と共同でストレスの対処法やコロナ禍における適応力を育む番組を制作し、不安を抱える子どもたちを支えたいと考えました。地域の子どもたちが出演し、リアルな悩みを打ち明けるこの番組。相談を受けたキャラクターたちや専門家は、答えではなく壁を乗り越えるためのヒントを伝えます。問題に向き合い、打ち勝つ術を自分自身で見出す経験を経て、これからの未来を生き抜く力を身につけてほしいという願いを込めています。

ローカルとのタッグが可能にする、子どもの日常に寄り添った支援

日本でもセサミストリートと自治体のコラボレーションが進んでいます。2017年には震災被害を受けた熊本県の益城町で、自治体や支援団体と協力してイベントを開催。震災を乗り越えようとする子どもたちに寄り添った支援に取り組みました。「夢を描き、計画を立て、行動する」というテーマを掲げ、子どもたちが逆境をバネに立ち直り、成長する力を養うセサミストリートカリキュラムの公開授業を実施。被災直後だからこそ「思いやりのあるお金の使い方」を考え、誰もが夢を実現できる社会をつくる方法について話し合いました。支援を行う中で最も印象に残ったのは自らも被災下にありながら、子どもたちをサポートする自治体や保護者の方々の姿。日々子どもに寄り添っているからこそできること、私たちのように外部から支援するからこそできることの違いを改めて感じました。災害からの復興にはもちろん、日常の教育でも役割の違う主体が力を合わせる必要性を痛感しました。

日本では「テレビ番組」として知られてきたセサミストリートですが、これからは自治体や学校と連携することで、変化するニーズを捉え、より身近なコンテンツを提供していきたいと考えています。次代を担う子どもたちの能力を育み、質の高い教育を提供する「教育団体」として活動の幅を広げていきたいですね。

セサミストリートカリキュラム公開授業の様子

PROFILE

セサミワークショップ
国際メディア・教育部
マーケティングマネージャー
吉田 麻鈴 YOSHIDA Marin

DATA
イオン株式会社
［設立］1926年9月
［グループ従業員数］約58万人
［店舗数］21,829店舗/カ所
※連結子会社、持分法適用関連会社の合計
2020年2月末現在

―地域と共にSDGs活動に取り組む

イオンが続けてきたことが、ＳＤＧｓ活動そのもの

イオングループの基本理念「お客さまを原点に平和を追求し、人間を尊重し、地域社会に貢献する。」はＳＤＧｓに通じます。この理念にのっとり、事業を展開してきたことが、結果的にＳＤＧｓ活動につながっています。

新規出店の際、地域の方との最初のコミュニケーションとして、一緒に店舗の周りに木を植えてきました。１９９１年に開始し、現在までに１２００万本以上の植樹をしています。木と共にお店が成長し、地域のお客さまのために尽くすという思いを込めています。私たち従業員はこのような体験を通じて基本理念をＤＮＡとして刷り込まれています。

各地域でご当地WAONが使用されています

地域やサプライチェーンを巻き込むことが、私たちの役割

現在、１２３の自治体と地域包括協定を結んでいます。有事の時に物資の供給や避難場所の提供のほか、福祉や経済、観光、環境保全など、あらゆる側面で地域と協力しています。例えばイオンの発行する「ご当地ＷＡＯＮ」というエリアごとの電子マネーを活用した地域貢献。お客さまが応援したい地域の「ご当地ＷＡＯＮ」を購入し買い物に利用されると、ご利用額の０・１％をイオンが自治体に寄付します。それを富士山の清掃や北海道の文化遺産保護など地域の環境保全に使っていただいています。

脱炭素ビジョンでは店舗や事業活動で使うCO_2の削減はもちろんですが、お客さまを巻き込んだ形のサステイナブルな暮らしを提案しています。お客さまの自宅の太陽光発電で余った電気をイオンがＷＡＯＮポイントをプラスして買い取るサービスを始めました。自分の家で発電した電気がイオンで無駄なく使われることで、お客さまに脱炭素社会実現への意識を高めていただきたいと考えています。また、CO_2は、店舗よりも生産や流通の過程のほうが多く排出されています。我々が脱炭素ビジョンを掲げる主旨をお客さまにお伝えするだけでなく、製造メーカーなどのサプライヤーさまのご理解も促進し、一緒に取り組んでいただいております。我々、小売業はサプライチェーン全体を巻き込むことが重要な役割だと思います。

地域の課題に従業員一人ひとりが向き合う

最近の取り組みですと、十分に栄養の取れない子どもたちを応援する団体がコロナ禍の中で活動を継続できるように、イオンがサポートさせていただきました。

基本理念に基づくＳＤＧｓ活動を従業員が実践し、その文化は根付いています。今後は地域の課題などを従業員一人ひとりが考え、行動することを目指したいと思います。

PROFILE

イオン株式会社
環境・社会貢献部
部長
鈴木 隆博 SUZUKI Takahiro

《内閣府地方創生推進事務局からの提言》

アフターコロナ時代を生き抜く

SDGsを原動力とした地域活性化のカタチ

コロナ禍により社会が大きく変わる中、
自治体を中心としたSDGsに向けた取り組みが活性化している。
SDGsを原動力と捉え、持続可能なまちづくりや
地域活性化の取り組みを推進する内閣府。
その狙いについて、地方創生推進事務局の
北廣雅之参事官に伺った。

内閣府地方創生推進事務局 参事官
北廣 雅之

1991年4月、通商産業省入省。2015年より経済産業省航空機部品・素材産業室長、秘書課調査官を歴任。その後、関東経済産業局地域経済部長を務め、2020年7月より現職。

SDGs未来都市と自治体SDGsモデル事業

日本の総人口は2008年をピークに減少局面に入って以降、人口減少が加速的に進行しており、国立社会保障・人口問題研究所が公表している「日本の地域別将来推計人口（2018年推計）」によると、2045年には東京都を除いたすべての道府県で2015年を下回ると推計されています。また、昨今の新型コロナウイルス感染症（以下、「感染症」と言う）の拡大により、地域経済・生活に甚大な影響が出ており、地方が抱える課題は、人口減少・少子高齢化、財政難などの従来からの課題に加え、「新たな生活様式」の構築に向けた取り組みなど多様化しています。

地方創生の目指すべき将来の姿や、2020年度を初年度とする今後5カ年の施策の方向性などを取りまとめた第2期「まち・ひと・しごと創生総合戦略」においては、横断的な目標として「新しい時代の流れを力にする」という項目を追加し、その中で「誰一人取り残さない」持続可能な社会の実現を目指す、SDGsを原動力とした地方創生を位置づけました。持続可能なまちづくりや地域活性化に向けて取り組みを推進するにあたって、SDGsの理念に沿って進めることにより、政策の全体最適化、地域課題解決の加速化という相乗効果が期待でき、地方創生の取り組みの一層の充実・深化につなげることができます。

政府全体のSDGsの取り組みを示した「SDGsアクションプラン」にも地方創生が位置づけられており、2019年12月に決定された政府の「SDGs実施指針改定版」では、自治体に期待される役割として、SDGsの推進に向けた体制づくり、各種計画への反映、ローカル指標の設定、地域事業者等を対象とした登録・認証制度の構築等が具体的に盛り込まれています。

各地域で持続可能なまちづくりを進めていくためには、市民・企業・自治体といった、広範なまちづくりの関係者が連携して地域課題の解決に取り組むことが重要です。特に地域の行政機関である自治体には、SDGsを視野に入れた将来のビジョンづくりや市民や企業とのパートナーシップ形成といった取り組みを進め、関係者一丸となったまちづくりにつなげることが期待されています。

自治体によるSDGsの取り組みをさらに推進していくためには、模範となるモデルとしての先進事例の創出と、その普及展開が必要です。内

SDGs未来都市一覧（2018年度～2020年度）

閣府では、２０１８年度から、優れた取り組みを提案する都市を「ＳＤＧｓ未来都市」として、これまでに93都市を選定し、関係省庁と連携しつつ、総合的な支援を行っています。ＳＤＧｓ未来都市から提案された事業のうち、特に経済・社会・環境の三側面の統合的取り組みによる相乗効果の創出、多様なステークホルダーとの連携、自律的好循環の構築が見込まれるものについては、「自治体ＳＤＧｓモデル事業」として選定して、補助金により支援しています。

ＳＤＧｓ未来都市に関しては、第２期「まち・ひと・しごと創生総合戦略」の５年間で、累計２１０都市を選定することとしています。

さらに、同総合戦略では、２０２４年度末までに、地方創生ＳＤＧｓの達成に向けた取り組みを行っている全国の都道府県および市区町村の割合を60%にするという目標を掲げ、普及促進を進めているところであり、２０１８年度に同割合が４・９%だったのに対して、２０２０年度には39・7%となっています。

地方創生ＳＤＧｓに関する 官民連携の取り組み

内閣府では、ＳＤＧｓの国内実施を推進し、より一層の地方創生につなげることを目的に、地方自治体・地域経済に新たな付加価値を生み出す企業・専門性を持ったＮＧＯ・ＮＰＯ・大学・研究機関など、広範なステークホルダー間のパートナーシップを深める官民連携の場として、２０１８年8月に地方創生ＳＤＧｓ官民連携プラットフォームを設置しました。会員数は、２０２０年11月末時点で３８６１団体となっており、うち自治体は全都道府県・全政令指定都市を含む８２５団体（全自治体の46・1%）が参画しています。

本プラットフォームでは、会員同士のマッチング支援や分科会活動の推進等の活動を行っています。会員同士のマッチング支援では、ＳＤＧｓを通じて解決したい課題や取り組みがある団体に「マッチングリクエストシート」として提示してもらい、その内容を会員内で情報共有します。それを確認した他会員が課題解決に向けた提案などを「提案シート」として提出。その後、運営事務局を通じて、両者のマッチングを行い、課題の解決に向けた協働を開始してもらう仕組みです。また、会員からのテーマ提案に基づき分科会を設置しています。異分野連携による新たな価値の創出や、共通する課題に対する官民連携を促進し、地方創生に資するプロジェクトの創出を目指しています。

地方創生ＳＤＧｓ金融

地方創生ＳＤＧｓの推進においては、地域課題等の解決に向けた取り組みによって得られた収益を地域に再投資する「地方創生ＳＤＧｓ金融を通じた自律的好循環」の形成が重要です。内閣府では、「自律的好循環」を形成するため、「地方公共団体のための地方創生ＳＤＧｓ登録・認証等制度ガイドライン」を２０２０年10月に作成しました。地方公共団体が中心となり、当該ガイドラインを参考に地域事業者等の登録・認証の制度を構築し、地方創生ＳＤＧｓに積極的に取り組む地域事業者等の「見える化」を実施。地域金融機関やさまざまなステークホルダーと連携して地域事業者等を支援することで、さらなる取り組みの推進および地域の自律的好循環の形成の加速化につなげることができます。また、登録・認証制度の構築を機に、これから地方創生ＳＤＧｓに取り組む地域事業者等の裾野の拡大が図られ、地域課題等の解決に向けた取り組みの促進が期待されます。

アフターコロナにおける 自治体の取り組み

現在、日本では感染症の広がりにより、地域経済は大きな打撃を受け、産業の基盤が脅かされています。また、政府による緊急事態宣言の解除後も、企業活動やイベントの自粛や縮小など、地域内外の人の交流機会が減少し、観光客などの交流人口も大きく落ち込んでいます。そのような中、ＳＤＧｓ未来都市を対象に、感染症による各地域における課題等を解決すべく、地方創生ＳＤＧｓ推進による新型コロナウイルス対策の事例を調査したところ、27自治体より36件の取り組み事例を報告いただき、２０２０年7月に公表しました。

また、今般の感染症が都市部を中心に拡大したこともあり、東京圏などへの人口集中のリスクが改めて浮き彫りになり、地方への移住や就業に対しての国民の関心が高まると共に、東京圏から地方への人の流れが見られるようになっており、地方創生の観点から、こうした動きを持続的なものにすることが重要です。今後は、各地域で新たに考えられた独自性の高いＳＤＧｓの取り組みや、これまで以上に官民連携を進めることで、アフターコロナに対応した持続可能なまちづくりを推進してまいります。

地方創生SDGs推進による新型コロナウイルスの影響への取組事例

出典・詳細はこちら

自治体名	取り組み例	1	2	3	4	5	6	7	8	9	10	11	12	13	14	15	16	17
北海道ニセコ町	「ニセコ町買物相談・配達代行等支援」事業	●	-	●	-	-	-	-	●	●	●	●	-	●	-	-	-	●
北海道下川町	雨にも負けずコロナにも負けぬ 下川町飲食店応援クラウドファンディング	-	-	-	-	-	-	-	●	-	-	●	-	-	-	-	-	●
宮城県東松島市	東松島市出身学生応援事業	-	-	-	●	-	-	-	-	-	-	●	-	-	-	-	-	●
秋田県仙北市	新規事業継続チャレンジ支援事業	-	-	-	-	-	-	-	●	-	-	-	-	-	-	-	-	●
茨城県つくば市	クラウドファンディングにより4つのつくば市事業者応援チケット事業を実施	-	-	-	-	-	-	-	●	●	-	●	-	-	-	-	-	●
	休校中の児童生徒の自主学習支援「つくばこどもクエスチョンオンライン」の実施	-	-	-	●	-	-	-	-	●	-	●	-	-	-	-	-	●
神奈川県	特設HP(SDGsアクションで新型コロナウイルス感染症を乗り越えよう)の開設	●	●	●	●	-	-	-	●	-	-	●	●	-	-	-	-	●
神奈川県横浜市	SDGs biz サポート事業	●	●	●	●	●	●	●	●	●	●	●	●	●	●	●	●	●
神奈川県鎌倉市	飲食店支援クラウドファンディング「#鎌倉応援チケット」	-	-	-	-	-	-	-	●	-	-	●	-	-	-	-	-	●
富山県富山市	農林水産業向け「#コロナ転職」プロジェクト	-	-	-	-	-	-	-	●	-	-	●	-	-	●	●	-	●
静岡県浜松市	天竜材で3密対策しませんか-新しい生活様式支援天竜材活用事業-	-	-	-	●	-	-	-	●	●	-	●	●	●	-	●	-	-
愛知県豊田市	SDGs×新しい生活様式「ミライのフツーをつくろうプロジェクト」	-	-	-	●	-	-	●	●	●	-	●	-	-	-	-	-	●
三重県志摩市	「ささえあいSHIMAしょう!!」(支援制度など)	●	-	●	●	●	-	-	●	-	●	●	●	-	-	-	●	●
大阪府堺市	施設入所者と家族等とのデジタル面会の支援~「しゃべる機会」の確保によるフレイル予防~	-	-	●	-	-	-	-	-	-	-	-	-	-	-	-	-	-
岡山県岡山市	特設HP「新型コロナウイルスに負けない!! 私たちのSDGsアクション」の開設	●	●	●	●	-	-	-	●	-	●	●	●	-	-	-	●	-
岡山県真庭市	エコテイクアウト推進事業	-	-	-	-	-	-	-	-	-	-	-	●	●	●	●	-	-
	真庭市SDGs市内交流事業　まにわを知ろう!バスツアー	-	-	-	-	-	-	-	●	-	-	●	-	-	-	-	-	●
	うち(真庭)de食べ~の	-	-	-	-	-	-	-	-	-	-	●	-	-	-	-	-	●
徳島県上勝町	SDGs未来都市:上勝町のまちづくりオンライン視察	-	-	-	-	-	-	-	-	●	-	●	-	-	-	-	-	●
福岡県北九州市	北九州市応援寄附金「コロナに負けない、北九州の底力」	-	-	●	-	-	-	-	●	-	●	●	-	-	-	-	-	●
福島県郡山市	ONE TEAM こおりやま広域圏!「食の応援」掲示板事業	-	-	-	-	-	-	-	●	-	-	●	-	-	-	-	-	●
	事業継続応援家賃等補助金	-	-	-	-	-	-	-	●	-	-	●	-	-	-	-	-	●
	宿泊・飲食業等応援クラウドファンディング事業	-	-	-	-	-	-	-	●	-	-	●	-	-	-	-	-	●
群馬県みなかみ町	みなかみ町のSDGs!地元を愛そう「MINAKAMI HEARTカード」	-	-	-	-	-	-	-	●	-	-	●	-	-	-	●	-	●
東京都日野市	市内事業者や大学との連携による、適度な外出機会と健康づくり事業	-	-	●	●	-	-	-	●	-	-	●	-	-	-	-	-	●
富山県南砺市	公益財団法人南砺幸せ未来基金による　コロナ禍に対する緊急支援	●	●	●	-	-	-	-	-	-	-	●	-	-	-	-	-	●
石川県小松市	未来をひらく子どもへの学びのエール(学習エール・食育奨励等)	●	-	●	●	-	-	-	-	-	●	●	-	-	-	-	-	●
	感染症予防に向けた経営モデルチェンジ支援事業の拡充	-	●	●	-	-	-	-	●	●	●	●	●	-	-	-	-	●
福井県鯖江市	おうちでしあわせプロジェクト(テイクアウト・デリバリー専用プレミアム付きチケット販売)	-	●	●	-	-	-	-	●	-	-	●	-	-	-	-	-	●
	学校給食費の無償化等事業	●	●	●	●	-	-	-	●	-	-	-	-	-	-	-	-	-
	新型コロナウイルス対策グッズ「つくる」と「買う」を応援します!	-	-	●	-	-	-	-	●	●	-	●	●	-	-	-	-	●
愛知県豊橋市	食べ支えプロジェクトを中心とした取組み	●	●	●	-	-	-	-	●	-	-	●	-	-	-	-	-	●
滋賀県	みみタロウキャラバン隊派遣事業(多文化共生推進事業)	-	-	-	-	-	-	-	-	-	●	-	-	-	-	-	-	-
	WEB合同企業説明会開催事業	-	-	-	-	-	-	-	●	-	-	-	-	-	-	-	-	-
京都府舞鶴市	「Buy Local maizuruキャンペーン」推進事業	-	-	-	-	-	-	-	●	-	-	●	-	-	-	-	-	●
奈良県三郷町	地域の魅力発信と地域活性化事業	-	-	-	-	-	-	-	-	-	-	●	-	-	-	-	-	●

1. 貧困をなくそう
2. 飢餓をゼロに
3. すべての人に健康と福祉を
4. 質の高い教育をみんなに
5. ジェンダー平等を実現しよう
6. 安全な水とトイレを世界中に
7. エネルギーをみんなにそしてクリーンに
8. 働きがいも経済成長も
9. 産業と技術革新の基盤をつくろう
10. 人や国の不平等をなくそう
11. 住み続けられるまちづくりを
12. つくる責任つかう責任
13. 気候変動に具体的な対策を
14. 海の豊かさを守ろう
15. 陸の豊かさも守ろう
16. 平和と公正をすべての人に
17. パートナーシップで目標を達成しよう

※2020年6月時点

「SDGs未来都市」北九州市長が語る

地域・日本・世界の課題と向き合う 自治体の在り方。

人口減少や高齢化など地域の課題解決から地球温暖化対策まで、持続可能な社会の実現に向けて挑戦し続ける北九州市。北橋健治市長にSDGsと向き合う自治体の在り方について語っていただいた。

日本全体の課題に自治体はどう向き合うべきか

ドイツのベルテルスマン財団と持続可能な開発ソリューション・ネットワーク発行の「持続可能な開発報告書2020」によると、日本のSDGs達成度は世界で17位でした。

日本の課題として、ジェンダー平等の実現が非常に遅れているという指摘があります。具体例としては、国会議員や民間企業の管理職に占める女性比率の低さや、男女の賃金格差などです。また、ジェンダー問題と並び課題となるのが環境問題です。CO_2の排出量削減や海洋プラスチックの処理など、ヨーロッパと比較すると十分ではないと見られているようです。

これらはすべて国の課題であると同時に自治体や個人の課題でもあります。この現状を自覚し、一人ひとりが謙虚に取り組まなければなりません。

SDGs達成に向けた、すべての活動の鍵として考えるべきことは、ジェンダー平等の問題だと認識しています。本市では女性管理職を増やす第一歩として、行政への市民参加の場である付属機関等において女性委員の割合増加を図りました。これまで委員に任命されてきた企業の役員や有識者には男性が多く、彼らの理解を得るまでは孤独な道のりを歩まねばなりませんでした。目標達成に向けて意志を貫き、地道な努力を続けることは、主導者の責務です。当初、3割程度だった女性委員は5割強にまで増加しました。

環境問題解決の実現には経済との好循環が不可欠

本市は公害克服の経験から得た水質改善のノウハウを事業化し、開発途上国へ技術提供しています。ボランティアではなくビジネスとして事業展開すること

北九州市長
北橋 健治 KITAHASHI Kenji

で、持続可能なものにしたモデルケースの一つです。
　このように環境問題を通してＳＤＧｓに取り組む際、重要なのは「環境と経済の好循環」を念頭に置くことです。２０１１年にＯＥＣＤの「グリーン成長都市」に選定された本市では、この考えを基に環境問題への取り組みを進めています。
　菅首相は所信表明演説の中で「２０５０年までに脱炭素社会の実現を目指す」と表明しました。本市も賛同し、２０５０年までに温室効果ガス排出ゼロを目指す「ゼロカーボンシティ」を表明しました。本市における温室効果ガス排出量の約6〜7割が企業によるものです。産業都市にとって脱炭素社会の実現は大きな課題ですが、水ビジネス同様に環境と経済の好循環を目指します。将来的には地球温暖化対策における世界的なモデル都市になると確信しています。

教育などを通じて共同体の成長を促す

　ＳＤＧｓ推進における自治体の役割は、市民同士のつながりを活性化させることです。そのためのベースとして、市民一人ひとりのＳＤＧｓへの理解が必要不可欠です。

　本市では小学校から大学までＥＳＤ（持続可能な開発のための教育）に力を入れています。ＳＤＧｓの17の目標は、教育現場で活用できる最良のテキストです。市は授業内容に合った連携企業の紹介や地域教材資料集の作成、高校生ＳＤＧｓ選手権大会開催による成果の共有などで、教育現場を支援しています。

　こうした取り組みが奏功し、市民から自然発生的に地域課題に取り組むプロジェクトチームが立ち上がりました。また、金融機関による地域企業を対象にしたＳＤＧｓ経営サポートの発足など、ＳＤＧｓを共通の目的として前例のないつながりも生まれました。

　共同体の成長により、地域課題に対する新たなチャレンジをできるようになったことが、本市の成果の一つです。活動を通して育まれる「まちを良くしたい」という思いは、地元愛、すなわちシビックプライドの醸成にもつながります。

これから求められる自治体間の結束

　すべての自治体には、固有の強みや魅力があります。それを産官学民挙げて再発見し、地域課題の解決に活かさねばなりません。そして、発見や成果は外に向けて発信・共有していくべきです。本市でも常に学ぶべき他の自治体の事例を収集しています。得た発見や学びは市民に共有し、各々の取り組みに活かします。ＳＤＧｓ実現に向けた歩みとは、こうした試みの連続なのです。

　他のジャパンＳＤＧｓアワード受賞都市やＳＤＧｓ未来都市の取り組みには、先駆的で大いに学ぶものがあります。できれば失敗例も挙げていただきたいのが本音です。後続する自治体が一歩を踏み出すために、失敗から学ぶことは多いはずです。

　コロナ禍によって、自治体の「持続可能なまちづくり」に対する意識が低下しているのではないでしょうか。今一度、ＳＤＧｓを原点として再認識し、他の自治体や国、地域と連携して課題解決に取り組む必要があります。本市も情報の交換・発信を通して他の自治体との連携を深めながら、市民にとって住みよいまちづくりと持続可能な社会の実現に向けて歩みを進めます。

よりよい未来を考え、行動すれば、世界が変わる。

SDGsの**ローカライゼーション**／SDGsと**アート**の関係性

2030年に、あるいは2050年、2100年に、
我々や子どもたちはどのような世界に生きていたいだろうか。
国連大学上級副学長の沖氏は、
「SDGsは、よりよい未来を考えるためのツールとして活用できます」と語る。
同氏に、SDGsが定められた背景をはじめ、
自治体や個人がSDGsとどのように向き合うべきか、
そしてSDGsに欠けている精神的な側面について解説いただいた。

沖 大幹

国際連合大学上級副学長／
国際連合事務次長補

国連大学全体のマネジメントの支援、科学分野における日本国内の幅広いパートナーシップの維持などを担当。東京大学大学院工学系研究科教授を兼務する。地球規模の水文学および世界の水資源の持続可能性に関する研究の第一人者。

個人が「生きていてよかった」と思える世界を目指す

まずは、SDGsの背景にある思いを、SDGsが掲げられている合意文書「持続可能な開発のための2030アジェンダ」から見てみましょう。この文書には特徴的な2つの言葉が出てきます。1つ目は「我々の世界を変革する」という言葉。各自治体や私たちの行動が変わり、結果として国や世界が変わるのだと思います。2つ目は「誰一人取り残さない」。もし「99％の人が幸せになるように」が目標だと残り1％は最初から諦めることになります。そのため目標は「全員」なのです。また、本文中には〝dignity〟（尊厳）、あるいは〝well-being〟（身体的、精神的、社会的に良好な状態であること）という言葉も出てきます。これらを踏まえ、個人が「生きていてよかった」と思える世界を実現するのが、「2030アジェンダ」の主旨だと私は考えています。

つまり、SDGsはそれ自体が「目的」ではなく、すべての人が幸せになるための「手段」なのです。SDGsは経典でも法律でもないので、「SDGsのために」ではなく、私たちがSDGsをうまく利用して、持続可能な社会を目指せばよいのです。国連大学ではよくSDGsのローカライゼーションと言いますが、それは「国の政策としてのSDGsを自治体や企業レベルに落とし込む」といった「局所化、地域化」だけでなく、本質的には先述のような「SDGsを自分事化して、よりよい未来のために活用する」ということを意味しています。持続可能な社会の実現が重要ですから、もしSDGsには当てはまらないけれど重大な課題があれば、解決すべきでしょう。さらに、それらを次の国際目標に入れるよう自治体や個人が提案する、という積極性があってもよいのではないでしょうか。

自治体では、広い視野のもとSDGs＋αのまちづくりを

多くの自治体では、伝統産業や豊かな自然といった得意分野を軸にまちづくりをされています。得意分野を伸ばすことは効果的な戦略ですが、とらわれ過ぎてはいけません。SDGsは総花的な目標であるがゆえに、自治体が視野を広げ、新たな発想を得るヒントとして利用していただけます。リスク分散をする意味でも、多分野に取り組みあらゆる未来に対応すべきではないでしょうか。情熱を持って、SDGsというアイデアを起爆剤に地域を元気にしようとされている方が、官学民どこかのしかるべきポジションに一人でもおられる自治体は活気がある印象です。まずは一人の人間の意識から始まり、地域や社会が動くのだと思います。

いくつかの自治体ではSDGsと文化・アートを関連付けて事業展開されています。文化やアートなどの精神的な側面は、実はSDGsには含まれていないので、SDGsをローカライズする過程で文化やアートが入ってくるのは、的を射ていると感じます。水やエネルギー、食料など物質的な幸せも大切ですが、生活が苦しい人ほど精神的な支えが必要ではないでしょうか。国連の「持続可能な開発に関するグローバル・レポート2019」でも、SDGsには精神的な側面がないことが指摘されています。〝Art〟の本来の意味は「技」ですから、芸術作品だけでなく、工芸品、あるいは無形の社会風習までも「人がつくり上げてきたもの」としてのアート、と幅広く捉えるのはいかがでしょう。個人が豊かな生活を送るために、目に見えないものも含めて大切にしていきたいものです。

SDGs＋αで地域の課題解決に取り組む

各自治体でのローカライゼーション事例

亀岡市

アートを切り口に持続可能なまちづくりの創出へ

アーティストの感性を活かした地域創生の施策

京都府の中西部に位置する亀岡市。周囲を山に囲まれた盆地にあり、豊かな自然に恵まれている。京都市や大阪市からのアクセスもよく、ベッドタウンとして発展してきた。しかし近年は、生産年齢人口の減少による、地域経済の低迷・農業衰退の危機など、都心と田舎の中間的なポジションならではの地域課題を抱えていた。こうした課題の打開を目指して、市は、一つのプロジェクトを始動。それが「かめおか霧の芸術祭（以下、芸術祭）」である。芸術祭は、〝生命《いのち》を輝かせる技術を持つ人〟すべてがアーティストであるという考えのもとで展開。アートを通じて、「亀岡ならではの地場産品や体験を、市内外に発信するマーケットの育成」「交流の拠点づくりによる新陳代謝のある農業コミュニティの実現」「市民一人ひとりに伝わる環境施策の発信」などを図る。持続的なプロジェクトとして通年で開催される芸術祭。地域の魅力発見や、地域の活性化につなげている。

「かめおか霧のテラス」からの景観

SDGsのイノベーションハブ「開かれたアトリエ」の設置で地域のさらなる活性化へ

芸術祭を中心としたSDGsの取り組みの結節点として「開かれたアトリエ」の整備が進められている。亀岡市役所庁舎内の地下1階レストランを改修。飲食スペースとしての機能を残したまま、さまざまな機能を併設した多機能空間へと変貌させる計画だ。「開かれたアトリエ」は、〝誰一人取り残さない〟というSDGsの理念に沿って、誰もが利用でき、分野横断的に人々が交流できる場所を目指す。

拠点の構想は、市民を交えたワークショップなどを通じて、意見・アイデアを抽出して描かれた。アートを切り口に持続可能なまちづくりの創出に挑む市の施策。「開かれたアトリエ」を中心として、さらなる地域活性化を図る展開に今後も注目したい。

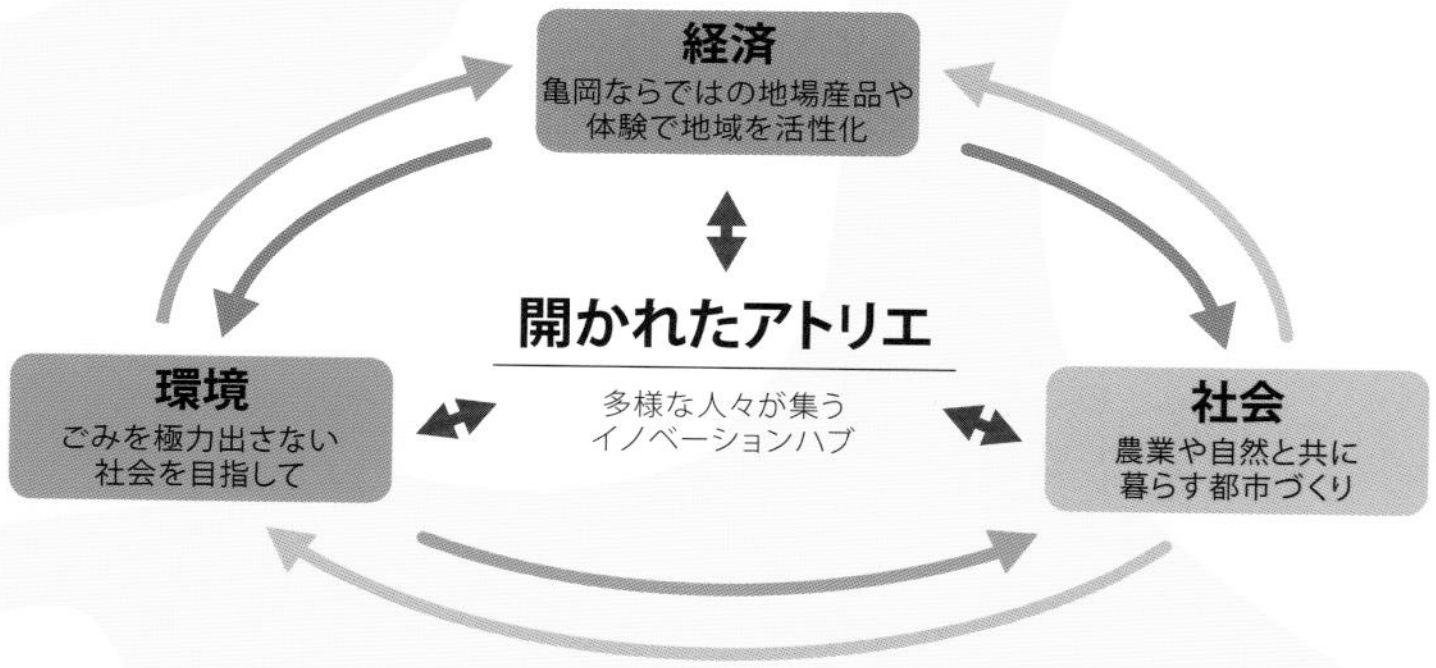

岩手町《いわてまち》
IWATE TOWN

次代に受け継ぐべき町独自の魅力や伝統を「カルチャー・アート」に昇華する

シビックプライドを醸成し町の魅力について考える

町民一人ひとりがまちづくりに参加することで
シビックプライドの醸成につながる

北上山地と奥羽山脈にまたがり、岩手県盛岡市から35kmほど北に位置する岩手町。人口2万人に満たない山間の町がSDGs未来都市に選定された理由を考えるうえで鍵を握るのは、SDGsのローカライゼーション推進だろう。

地域住民の一人ひとりが考え、行動する風土をつくるために岩手町が掲げているのが「シビックプライドの喚起」だ。シビックプライドとは町に誇りを持ち、地域を自らの手で創造するという主体者意識のこと。思いだけにとどまらず、その地域の課題解決や、活性化につながる、具体的な行動に取り組む姿勢も含んでいる点が特徴と言える。

シビックプライドの醸成に欠かせないのは、町の魅力を再発掘することだ。有限である町の資源に注目すると、岩手町には多くの町民が大切にし、次代へと守り伝えていきたいと考えている町の特徴があった。これらの活動を「3つのカルチャー・アート」(農業、保健福祉・スポーツ、芸術・ものづくり)として捉え直している。この話は町内にとどまらない。町に魅せられた地域外の人々と融合し、「3つのカルチャー・アート」の新たな魅力を創出。ヒト・コトに関わる風通しのよいまちづくりがシビックプライドの向上に拍車をかけるだろう。

脈々と受け継がれてきた農業が岩手町の「カルチャー・アート」

自動操縦補助システムを搭載したトラクターによる、
中耕除草作業の様子

岩手県出身の詩人・宮沢賢治が「農民芸術概論綱要」という散文詩の中で、農村の生活様式や田園風景を「四次元の芸術」として考えることを提唱している。農業という生活の営みにも、アートの要素は含まれると考えられる。

キャベツ畑や牧場の青々とした美しい景色を描き出している岩手町の農業は、SDGsという言葉が生まれる前からサステイナブルな手法を実践している。農家が土地を豊かにしようと思いを募らせた結果、飼料と堆肥を循環させる環境保全型の農業に行き着いたのだ。長年にわたって蓄積されてきた知見が、SDGsという新たな文脈によって、世界に発信すべきコンテンツに昇華したと言える。地域に潜むこの美しい風土こそが、岩手町の引き継がれるべき「カルチャー・アート」である。

さらに次代に受け継ぐため、岩手町の農家はスマート農業を積極的に取り入れている。㈱アンドファームでは、生育環境の分析にはドローンの空撮画像を、除草作業には自動操縦補助システム搭載トラクターを使用。岩手町の農業に誇りを持ち、持続可能性を追求するという好循環は、町の未来を明るく照らすはずだ。

地域の持つ価値を磨き上げ アートを通じて持続可能な 社会を目指す

厳しく豊かな自然に育まれた「自然と共生する」精神

十日町市は新潟県南部に位置し、平年で２ｍを超す積雪を観測する豪雪地帯だ。かつては織物業を中心に栄えたが、現在は高齢化や人口減少が深刻化。「選ばれて住み継がれるまち とおかまち」をスローガンに持続可能なまちづくりに取り組む。

美しい景色を見せる星峠の棚田　提供：(一社)十日町市観光協会

十日町市南西の山の斜面に広がる棚田は、日本の原風景を残す場所として人気のあるスポット。「自然を一方的に使うのではなく、自然と共生しながら最大限に活用する」という十日町市らしさを感じられる場所だ。

棚田は土地の形が不揃いなため機械が利用できず、代々受け継がれてきた技術によって手作業で維持されている。「人々の心を癒やす」という新しい価値を備えた美しい景観は、手作業によって守り継がれながら十日町市の未来を支えていく。

人と自然とアートが交わり 新しい魅力を創出し続ける

「大地の芸術祭 越後妻有アートトリエンナーレ」は、3年に1度開催される世界最大級の国際芸術祭。２０００年に開催された第1回には16万人が来場し、現在日本各地で開催されている地域芸術祭の先駆けとなった。

展示される作品は、空き家や廃校、自然を舞台にアーティストと地域住民が協力してつくり上げる。例えば、「棚田」では稲作の情景を詠んだ詩と農作業をモチーフにした彫刻を設置。人と自然とアートが交わる景色を感じられる(左上写真)。また第７回芸術祭では、清津峡渓谷トンネルを芸術作品へとリニューアル。トンネル内に沢水を張り、峡谷の景色を水鏡で反転させることで、幻想的で没入感のあるアート空間をつくり出した(左下写真)。これらのような、人と自然とアートが交わる景色を感じられる作品が地域内に数多く点在する。

イリヤ&エミリア・カバコフ「棚田」
(Photo by NAKAMURA Osamu)

マ・ヤンソン／MADアーキテクツ「Tunnel of Light」
(Photo by YAMADA Tsutomu)

「人工」と「自然」。相反する要素が混ざり合う大地の芸術祭は、これからのＳＤＧｓ推進にとって大きなヒントとなるだろう。

豊島区
TOSHIMA CITY

としま流SDGs！
高密度都市の緑あふれる公園で人と文化をつなぐハブを目指す

地域住民や企業と連携し みんなで「育てる」公園を運営

２０２０年12月に、「としまみどりの防災公園」（愛称：イケ・サンパーク）がグランドオープンした。面積は１・７haと区内で最も広く、居心地のよい芝生が広がる公園は、地域住民や企業と公民連携し、憩い、スポーツ、にぎわいの創出などを通じて豊島区の魅力発信を担う。園内には、区民をはじめさまざまな人々が集い、ファーマーズマーケットでの買い物や、カフェでのひと時など過ごし方は人それぞれ。マーケット出店者との交流や、自分のお店を出店するきっかけづくりなど、区民に新しいライフスタイルを提供する。また災害時には災害対策拠点として機能し、防災訓練にも活用される予定だ。豊島区が実施してきたまちづくり事業の集大成ともなる公園のオープンで、今後さらなる活性化が期待される。

区民に新しいライフスタイルを提供する防災公園

インクルーシブ公園が目指す 子どもや高齢者にやさしいまち

「真っ赤なＳＬが走る園内に、遊び・働く人たちの笑顔があふれている」。２０２０年９月にオープンした、イケ・サンパークに隣接する「としまキッズパーク」の一風景である。としまキッズパークは障がいのある子もない子も楽しめる公園をコンセプトに、誰もが自然体で遊べるブランコや砂場などインクルーシブ遊具を取り入れている。園内のスタッフは主に豊島区のシルバー人材センターに登録した高齢者スタッフが担当。新型コロナウイルスの流行により現在は予約のうえ、１時間ごとの完全入れ替え制となっているものの、連日多くのファミリーが訪れている。

真っ赤なSLに子どもたちも大喜び

園内にはたくさんのインクルーシブ遊具を設置

イケ・サンパークで 2020年12月から毎週末開催

持続可能な暮らしをつくる「Farmers Market」

イケ・サンパークでは、新たなライフスタイルの場を提供するためファーマーズマーケットを開催。毎週末、全国各地の交流都市等から名産品が集まる。注目は、お隣埼玉県の全面協力のもと届けられる産地直送の新鮮な農産物たち。豊島区での対面販売を通して、お互いの地域の魅力を理解し合う双方向の交流を目指す。また残った商品は区への寄付金を利用して購入し、食品の無料配布を行う団体を通じて経済状況の厳しい子育て家庭の食を支援。生産・消費・交流・食料支援などの側面から誰一人取り残さない取り組みを推進する。

入念なコロナ対策のもと、豊島区に新たなにぎわいを見せた

地方移住のススメ

Nishiawakura vil.

少子高齢化や過疎化が進む地方の自治体にとって
若者や働き盛り世代の移住は
持続可能性をもたらす希望の光だ。
岡山県の西粟倉村で地域おこし協力隊を務める
猪田有弥さんに話を伺い、地方移住の未来について考える。

西粟倉村

東京一極集中の裏で関心が集まる地方移住

東京への一極集中がますます進む近年、日本の地方は若者の減少や過疎化によってコミュニティ存続の危機に陥っている。人口減少によって経済規模の縮小、雇用の喪失が起こり、若者が定着しなくなるという悪循環が生じているのだ。一方で、都会に住む人々の地方移住への関心は高まりつつある。内閣官房まち・ひと・しごと創生本部事務局によると、東京圏在住者の約半数が地方圏での暮らしに関心がある※ことがわかった。諸般の事情で行動に移せなくても「自然豊かな環境で暮らしたい」「地元に戻りたい」と考える人は多いようだ。

そうした希望を持つ人を後押しするための制度として「地域おこし協力隊」がある。都市部から過疎地域に移住して、地方活性化のための仕事に従事する若者を支援し、地域への定住・定着を図る取り組みだ。総務省によって２００９年に創設されて以来、隊員数は年々増加。現在では約５５００人の隊員が全国で活動する。

岡山県の西粟倉村に移住した猪田有弥さんもその一人だ。もともとは東京で終電まで仕事をする生活を送っていたが、地方創生関連の仕事で地方の暮らしに触れるうちに「田舎暮らしもいいな」と感じるようになったという。しかし、縁もゆかりもない地域に突然移住するのは不安で、行動に移せなかった。

そんな中、都会と地域をつなぐ勉強会で西粟倉村を訪れた。

「フィールドワークを重ねるうちに、西粟倉村の知り合いが増えました。そのとき、地域おこし協力隊制度を活用した独自の制度（後述）があることを知ったんです。応募したところ、晴れて採用され、２０１８年春から村に移住しました」

※…内閣官房 まち・ひと・しごと創生本部事務局「移住等の増加に向けた広報戦略の立案・実施のための調査事業 報告書」（２０２０年５月）より。

雇用創出と地方移住を起業家支援で叶えた西粟倉村

人口約１５００人の西粟倉村は兵庫県と鳥取県に接し、村の面積の約93%を森林が占めてい

猪田　有弥

西粟倉村地域おこし協力隊、
にしあわくらモビリティプロジェクト代表（任意団体）

東北大学大学院文学研究科修了。（株）中日新聞社広告局、（株）文化科学研究所研究ディレクターを経て、2018年春より西粟倉村地域おこし協力隊。ローカル・モビリティ×地域福祉に関する事業化に向けた研究や取り組みを行っている。社会福祉士、専門社会調査士。

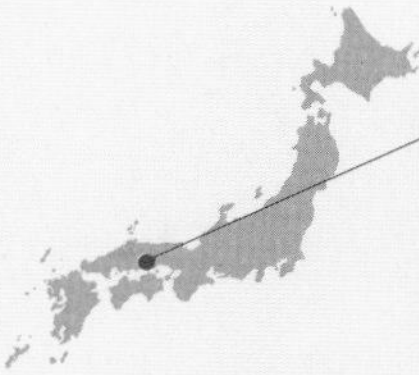

岡山県英田郡西粟倉村

2013年環境モデル都市、2019年SDGs未来都市・自治体SDGsモデル事業に選定。林業の6次産業化を通じて村おこしを実現。村内には、村の木材を生かした交流施設が多く建てられている（写真は図書館）。

る。「平成の大合併」で、市町村合併を受け入れずに村として存続することを決断。２００８年に「百年の森林《もり》構想」を掲げ、限りある自然の恵みを大切な人たちと分かち合える「上質な田舎」を目指して、持続可能な取り組みを行っている。それらの活動が評価され、２０１３年には内閣府の環境モデル都市、２０１９年には同ＳＤＧｓ未来都市・自治体ＳＤＧｓモデル事業に選ばれた。

起業を前提に村に移住してもらい、村ぐるみで事業の自立を支援する起業家支援にも取り組む。村に仕事がないことで若者が流出するのであれば、仕事を生み育てる人に移住してもらおうと始まったものだった。

猪田さんが応募したのは、最大３年間、活動費をもらいながら自らの仕事と人生を模索するプログラム。最初に研究テーマと目標を設定し、仮説検証のための実践を繰り返す。各種研修やコーディネーターによる面談などのサポートが充実しており、村役場や先輩起業家と連携しながら起業にも挑戦する。

「たくさん動くことが人生を豊かにする・成長させるという揺るがない想いがあります」と語る猪田さん。研究のテーマは「交通」だ。車のない暮らしを自ら実践し、西粟倉村での交通の在り方を研究している。クラウドファンディングを活用し、『ローカル・モビリティ白書』を作成。村内の鉄道やバスなどと連携し、人や物の移動手段をワンストップで考えるモビリティセンター構築の実現を目指している。

暮らしと仕事を一緒に考えた地方移住を

「東京では満員電車での通勤に苦しんできましたが、村内の移動は基本的に自転車です。布団で眠れる時間は倍近くになり、季節の移ろいや家を吹き抜ける風の心地よさを感じて暮らしています」と語る猪田さん。地域の人との交流を通じて、村にすっかりなじんだ。地方移住の成功の秘訣は、暮らしと仕事を一緒に考えることだと言う。

「田舎暮らしへの憧れだけでは長続きしません。移住してから仕事を探しても、現地に仕事がない場合もある。暮らしとキャリアの両方のプランが必要です」

今や移住者１００人超、ローカルベンチャー45社、総売上22億円超の価値を生み出す村となった西粟倉村。まさに移住と起業をセットにした戦略が、村全体に好循環をもたらした。持続可能な地方創生モデルとして注目が集まる。

技術革新やＩｏＴの普及によって場所にとらわれない働き方が可能になり、移住者を呼び込む自治体には追い風が吹いている。新型コロナウイルスの流行によって、リモート勤務が浸透。これからは地域おこしの仕事だけでなく、さまざまな職業の人が地方移住できるようになるだろう。日本の地方自治体には、「ここで働き、暮らしたい」と思ってもらえるような魅力的な環境づくりが求められている。

ノーベル平和賞受賞

「飢餓のない平和な世界を目指して」

国連世界食糧計画（国連ＷＦＰ）日本事務所メッセージ

　国連ＷＦＰは世界最大の人道支援機関で食料支援をメインの活動とした団体です。飢餓をゼロにすることを使命としており、毎年約80カ国以上で約1億人に食料支援をしています。現場主義が特徴的で、約90%の職員がフィールドで勤務しています。２０２０年、ノーベル平和賞を受賞しましたが、受賞理由は「飢餓と闘い、紛争地域での食料の安全保障に貢献し、飢餓が戦争の武器として利用されることを防ぐ重要な役割を果たした」とされています。

　現在、新型コロナウイルスは世界中で感染拡大が続いていますが、国連ＷＦＰはコロナ禍でも活動を続け、世界中の飢餓の最前線で活動しています。また、特に民間航空機が停止していたとき、国連ＷＦＰはサプライチェーンなどの物流の面でも大きな役割を果たしました。

　２０１９年に、世界で急性食料不安を抱える人は1億４９００万人でした。しかし、新型コロナウイルスの感染拡大による世界各国での社会経済状況の落ち込みや、海外送金の減少、国境閉鎖などを原因とするフードシステムの混乱のために、世界の食料安全保障は悪化を続けており、このまま何もしなければ急性食料不安を抱える人々の人数は約80%増加し2億７０００万人になると予測されています。これは、国連ＷＦＰ事務局長が発言している通り、「飢餓パンデミック」になる恐れがあります。そのため、国連ＷＦＰは支援対象者数を２０１９年の９７００万人から過去最大の1億３８００万人に拡大しています。

　飢餓は、紛争、自然災害、貧困、気候変動、男女間格差など、さまざまな問題が複雑に絡み合って発生しています。そして、現在、食料不安を抱える人たちは世界で約6億９０００万人います。特に紛争が一番の原因で、食料不足に苦しむ人々の約60%は、紛争地

©WFP／Gabriel Valdes

帯に住んでいると言われています。

また、日本でも見られるように、気候変動は台風、洪水、干ばつなどの自然災害を引き起こし、農業・家畜の生産量に打撃を与えています。２０２０年は、世界的にも洪水が多く、道が水没して通れなくなり、通常のトラックなどでの輸送が困難になる場合が多くありました。そんなときでも、国連ＷＦＰは食料配布を決してあきらめず、飛行機から食料を落とすＡｉｒｄｒｏｐや、水の中も陸上も走ることができる水陸両用車などを駆使して食料配布を継続しています。

コロナ禍で国連ＷＦＰは、これまで支援対象としていなかった都市部の人々などへ現金、Ｅ-バウチャーやモバイルマネー支援を増加し、食料支援プラットフォームを活用して新型コロナウイルスの予防メッセージを広め、各国政府や地域機関と連携し、新型コロナウイルスへの対応を支援しています。

また、民間航空機が停止している中、国連ＷＦＰの航空輸送サービスはアフリカ、アジア、ラテンアメリカ、中東の目的地に旅客便と貨物便を提供しており、人道支援者と保健医療支援者を送り届けています。

国連ＷＦＰは今後も何があろうとも、いついかなるときも支援を止めない機関であり続けます。しかし、十分な資金も、支援に必要なアクセスもないときに、私たちはどの子が食べて、どの子が食べないか、どの子が生きて、どの子が死ぬかを決めなければなりません。国連ＷＦＰに誰が生きて誰が死ぬかを選べとは言わないでください。

そして、グローバル化が進む中、世界がどうなるかは「他人事」ではありません。新型コロナウイルスが国を越えて世界中に混乱をもたらしたように、他の国の問題は日本とは切っても切り離せません。新型コロナウイルスの大流行は私たちに他者の苦しみへの共感を教えてくれたと思います。突き付けられた痛みを共有することで、私たちは最終的に団結し、飢餓のない世界を構築できるのではないでしょうか。今回の機会に、少しでも多くの日本の皆様が飢餓の問題に触れ、関心が高まることを願っています。

国連世界食糧計画(国連WFP)
日本事務所代表

焼家 直絵 YAKIYA Naoe

国際基督教大学(ICU)教養学科卒業。オーストラリア国立大学国際関係修士。国連食糧計画(国連WFP)の職員として19年以上のキャリアを持ち、人道支援や開発支援に携わる多様なポストを歴任。2017年6月より現職。

©WFP／Daniil Usmanov

©WFP／Vilakhone Sipaseuth

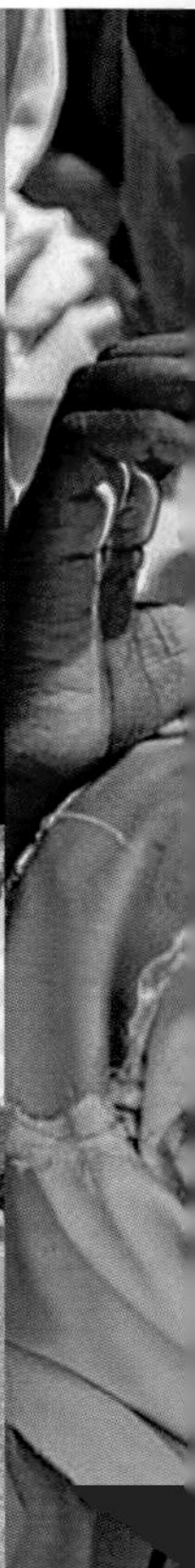

©WFP／Mohammed Awadh

©WFP／Claire Nevill

NEW REPORT

海外の持続可能なまちづくり

CITY PLANNING

SDGsに向けて取り組みたいが、具体的な方法がわからない。
そんな日本の自治体に向けて海外の持続可能なまちづくりの事例を紹介。
自治体としてSDGsの進捗を確認・報告する
「自発的自治体レビュー（Voluntary Local Review：VLR）」を発表している
海外の3つの都市のケースを通じて、
日本の自治体におけるSDGsへの
取り組み方を考えるきっかけとしたい。

イギリス ブリストル市
パートナーシップで複雑化する課題に挑む

ブリストル市は２０１９年に持続可能なまちづくりを目指す総合計画「Ｏｎｅ Ｃｉｔｙ Ｐｌａｎ」を策定した。ＳＤＧｓと関連づけながら、市が２０５０年に目指す姿と、それに向けた行動計画を示している。計画では、①コネクティビティ（つながり）、②経済、③環境、④健康とウェルビーイング、⑤家庭とコミュニティ、⑥学びと技術という６つの共通テーマが掲げられた。

同市の特徴は、計画の立案や実行に、多様なステークホルダーが関わっていることだ。大学、病院、警察、市幹部や各ネットワーク・ビジネスのリーダーなどで構成される委員会を６つのテーマごとに組織。市庁舎に集まり、３カ月ごとに計画の進捗を報告、議論する場を設けている。市の予算が年々厳しくなる中、パートナーシップをベースに市政を展開することで、自治体だけでは対処しきれない、子どもの貧困や水不足などの複雑な地域課題の解決に取り組んでいる。

また、地域の資源を最大限に

活用する仕組みとして「ブリストル・シティ・ファンド」と呼ばれる基金を設置。子どもの貧困の改善や地域経済の活性化などの地域課題解決のための活動に活用されている。

さらに、同市はイギリスでもいち早く炭素中立（CO_2の排出量と吸収量を同じ量にすること）を宣言した都市であり、家庭の省エネルギー対策活動などにも力を入れている。

このようにブリストル市では、市民が主体的に自分たちの都市が抱える問題を捉え、自治体と一体となって、誰一人取り残さない、持続可能なまちづくりに取り組んでいる。

フィンランド トゥルク市
市民の協力のもと炭素中立都市を目指す

トゥルク市の特徴的な取り組みの一つがゴール13「気候変動に具体的な対策を」に対応した炭素中立を目指すものである。同市は2029年までに炭素中立都市となる目標を掲げており、廃棄物を出さない「ゼロエミッション」の推進やエネルギー分野などにおける気候変動対策を行っている。炭素中立に向けて、2021年に温室効果ガス50％の削減（1990年比）を中間目標としていたが、これを2020年に達成。徒歩や自転車の推奨などにより市民のライフスタイルを大きく変革し、持続可能な交通システムやバイオマスエネルギーの活用、住宅・ビルの省エネ推進などに取り組んだことで、当初の計画より早い実現が可能となった。

ユース気候パネルの活動の様子

また、市のユースグループと共にユース気候パネルを組織し、地球温暖化防止型のライフスタイルの検討や学校への教材提供を実施するなど、若者の積極的な参加を促している。

このような炭素中立を目指す取り組みが評価され、2020年のヨーロッパの気候とエネルギーに関する首長誓約で、気候変動分野での最優良中規模都市に選出されている。都市単位の気候変動対策を先導する自治体と言えるだろう。

ドイツ ボン市
地球の未来を考える教育プログラムを実施

ボン市は市民社会、科学、ビジネスといった各分野の代表者と協力し、2019年2月に「持続可能性戦略」を策定し、積極的にSDGsに取り組んでいる。同年、気候変動を上回るほどの緊急性を持った状況であることを意味する「気候危機」を宣言し、2035年までの炭素中立達成を目標に掲げた。

これに対し、市を支援する民間団体では、環境教育プログラム「ボン気候変動大使」を実施。小学校の児童を対象に、楽しみながら気候変動について学び、意識啓発を図る取り組みを展開している。気候、電気、リサイクル、交通、栄養、暖房や水といった気候変動についてのワークブックを子どもたちが学び、自宅などで与えられたタスクをこなすと、「気候通帳」にスタンプが貯まる。スタンプが貯まると、漫画のキャラクターが描かれたライセンスがもらえ、「ボン気候変動大使」として家族や友人に学んだことを伝えられるようになるという仕組みだ。参加校、児童数は年々増えており、2020年には40校、2250人がこのプログラムに参加。これまでに約1万3000人の子どもたちが気候変動大使に任命されている。このプログラムは子どもたちが気候変動について主体的に考えるきっかけとして評価されており、ケープコースト（ガーナ）やラパス（ボリビア）などの他国の都市でも実践されている。

取材協力

公益財団法人　地球環境戦略研究機関（IGES《アイジェス》）
(Institute for Global Environmental Strategies)

1998年設立。国内外の機関と連携し、持続可能な開発のための革新的な政策手法の開発や、環境対策のための政策的・実践的研究を行う。SDGsに取り組む都市レポートを自治体と協働で作成するほか、関係者への情報提供や国際会議の開催、研修の実施など、さまざまな事業を展開している。

PROFILE

株式会社
ワンプラネット・カフェ

代表取締役社長
エクベリ聡子

取締役、環境マネージャー
ペオ・エクベリ

SDGs先進国・スウェーデンに学ぶ

サステイナブルライフ

SUSTAINABLE LIFE

SDGsやサステイナビリティに関する講演や、バナナペーパー事業※を手掛ける株式会社ワンプラネット・カフェのエクベリご夫妻にインタビュー。夫のペオさんの故郷・スウェーデンの考え方に基づいた、サステイナブルライフ実践のヒントを伺いました。

サステイナビリティは価値観ではなく科学のルール

—お二人は暮らしの中でSDGsに向け、どのようなことを実践されていますか。

聡子：私たちの仕事は環境活動なので、私生活でもサステイナブルな暮らしを実践し、その手軽さや魅力を伝えています。例えば、事務所兼自宅は、環境に配慮した快適な住まいにリフォーム。自然光を取り入れたり、冬でも暖かい二重窓を取り付けたりと、電気をできるだけ使わない造りにしました。電力はすべて太陽光などの再生可能エネルギーです。

ペオ：木や布など自然にやさしい素材のものやフェアトレードの商品を生活に取り入れています。生ゴミはコンポストでリサイクル。土の中でミミズに分解され、肥料に生まれ変わります。過剰包装を断る、リサイクルできる商品を買うなどの実践を重ね、今や我が家の1カ月のゴミは、サッカーボール1個分になりました。

—企業人としてだけでなく、一消費者として持続可能性を意識されているのですね。お二人はもともと環境に関心をお持ちだったのでしょうか。

ペオ：その質問に日本とスウェーデンの違いが表れていますね。サステイナビリティは、日本では価値観の一つと捉えられていますが、スウェーデンでは科学に基づくルールであり、そうする理由や目的を問われるものではないのです。幼稚園から環境教育が義務化されており、子どもの頃から、当たり前の考え方として教えられます。

聡子：日本人とは根本的に考え方が違いますよね。私が環境を意識したきっかけは、やはり夫との出会いです。彼の故郷の話を聞いたり、世界を見て回ったりしているうちに、持続可能性がとても大切だと気づきました。

環境循環という持続可能性の〝レシピ〟

—「科学に基づくルール」とはどういうことでしょうか。

ペオ：科学的に正しいかどうか、「環境循環」に照らし合わせて考えるということです。

聡子：環境循環について具体的にご説明しましょう。環境循環には2つ

※ワンプラネット・カフェでは、ザンビアのバナナ農家や村の人々と、日本の越前和紙の工場と協働し、環境にやさしいバナナの繊維由来の紙を生産している。この事業を通じて貧困、環境、経済などすべてのSDGsに貢献しており、日本初のフェアトレード認証を取得した。

あります。1つは自然界の食物連鎖に基づく「バイオサイクル」。もう1つは、リサイクルなどの技術革新によって生み出される「テクニカルサイクル」。この2つによって環境を維持するのが環境循環です。

ペオ：この環境循環を暮らしに取り入れるポイントは「地上由来」のものを「再生可能なスピードで」使うこと。地上由来のもののほうが、地下由来のものより断然再生サイクルが短いからです。例えば、私はプラスチック製ではなく竹製のペンを使っています。プラスチックの原料である石油は、地下由来。自然界で再生されるまでに数千万年かかりますが、竹は1年で再生するので持続可能です。同じ地上由来でも、木だと成長まで約20年かかるので、サイクルが短い竹のほうが、よりサステイナブルです。この考え方はサステイナブルな暮らしの〝レシピ〟のようなもの。レシピ（＝環境循環に基づく考え方）がわかれば、誰でも美味しい料理（＝持続可能な暮らし）ができますよ。

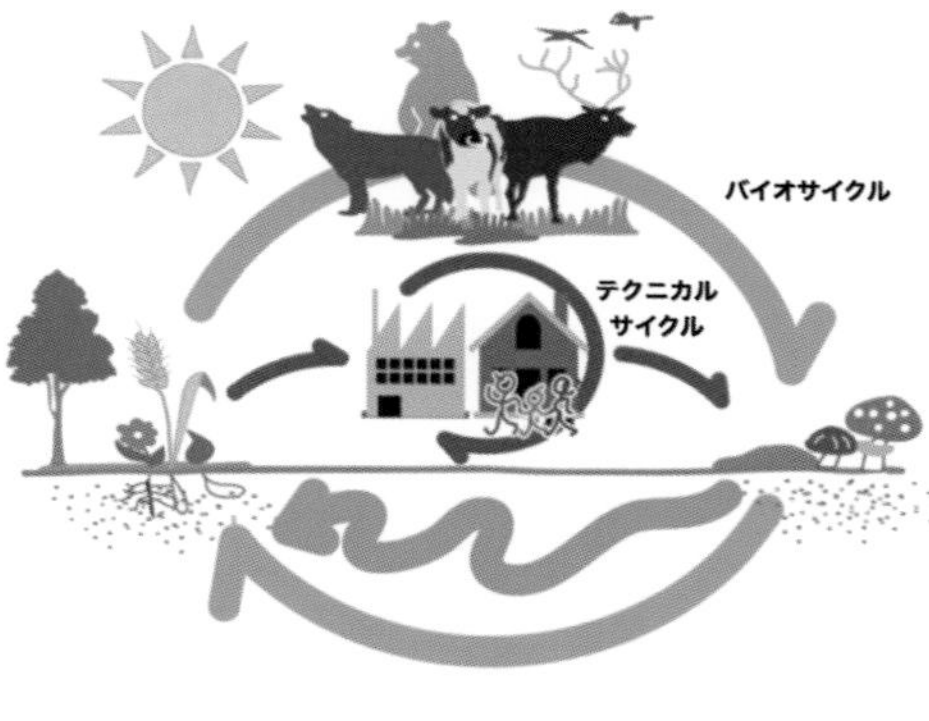

環境循環の概念図。自然界では、動物のふんや死骸は微生物によって分解され、植物の栄養分として循環する。人間は廃棄物を最小限にとどめることで、自然と共存が可能になる

我慢しないことが持続可能な実践につながる

—ほかに、私たち日本人がＳＤＧｓ先進国・スウェーデンから学ぶべきことは何でしょうか。

聡子：一番は、各団体同士のパートナーシップ。日本でも企業や大学、自治体などが主体となり、ＳＤＧｓに向けた取り組みが増えてきましたが、個々で完結しており、広く浸透していない印象です。一方、スウェーデンでは一都市や一企業のアクションがすぐに全国に浸透します。人口が少ないせいでもあるのですが、小さな取り組みをいかにスケールアップしていくかという観点があるからです。

ペオ：また、スウェーデンには「快適さ」を二の次にしないサステイナビリティが浸透しています。科学的に正しいかという判断以前に、それが美味しいか、かっこいいかという基準がある。気に入らないものや我慢した生活は長続きしませんから。

聡子：サステイナビリティというと理想主義のように感じますが、彼らはとても実利主義。自分たちの行動が変われば環境や経済にどのような影響があるか、データに基づいて行動しています。従来のエコは「我慢しなくてはならない」という雰囲気がありましたが、ＳＤＧｓは人々の取り組みに持続可能性を持たせるために、快適さや利益も求めます。日本でもビジネスやブランディングの機会として前向きに捉え、さまざまなステークホルダーの連携を強化していってほしいです。

「いいね」の一言がＳＤＧｓへの近道

—ＳＤＧｓを達成するために、これから私たちが生活者としてできることを教えてください。

聡子：ＳＤＧｓに取り組む企業や自治体の活動に共感したら「いいね」と伝えること。昨今は前向きな意見よりも批判の声のほうが目立ってしまいがちです。ですから、一人ひとりが意識的に賛同の声を上げれば企業や自治体の背中を押すことにつながります。

ペオ：個人として世界のために何をするべきか迷ったらＳＤＧｓに立ち返ってみましょう。ＳＤＧｓは世界の共通目標として、人類が直面しているさまざまな課題を内包しています。１６９のターゲットの一つひとつを見ると自分たちにできることがわかりますよ。世界約２００カ国、言語も文化も違う人々の共通目標であるＳＤＧｓはまさに希望です。

日常生活とSDGsとのつながりを理解するツールとして、「ターゲット・ファインダー」日本語版を制作。世界の課題が一目でわかる

聡子：私は、日本の高度な技術力と他人を思いやる精神に、ＳＤＧｓを達成するポテンシャルを感じています。講演会やビジネスマッチングの活動を通して、その世界を変える可能性を実現していきたいです。

—ありがとうございました。

2025年日本国際博覧会協会

メッセージ

OSAKA, KANSAI, JAPAN
EXPO 2025

共に創り上げる いのち輝く 未来社会

Future society for our lives

２０２５年大阪・関西万博のテーマは「いのち輝く未来社会のデザイン」。それは一人ひとりが自らの望む生き方を考え、それぞれの可能性を最大限に発揮できるようにすると共に、こうした生き方を支える持続可能な社会を、世界が共創していくことを推し進めるものです。そして、この万博を通じてＳＤＧｓ達成にも貢献していきます。

２０２０年10月、私たちはＳＤＧｓ達成への貢献を目指す2つのプログラムをスタートしました。1つ目は、誰もが開催前から参加でき、万博を共創する「ＴＥＡＭ ＥＸＰＯ ２０２５」プログラムです。未来社会の実現に向けて自らが主体となり行動を起こしていくチームの活動である「共創チャレンジ」と、自らが得意とする分野・手法により主体的かつ継続的に、多様な共創チャレンジの創出・支援を担う「共創パートナー」が連携し、理想としたい未来社会を共に創り上げていこうとするプログラムです。今後、企業、教育・学術・研究機関、国・政府関係機関、自治体、ＮＧＯ、ＮＰＯ法人、各種団体、個人などさまざまな方々に、国内外でのイベントやシンポジウムなどで参画を呼び掛けていきます。そして２０２５年には万博会場内外で世界中から集まった取り組みを紹介、発信し、万博会期後もレガシーとして継承することで「ＳＤＧｓ＋ｂｅｙｏｎｄ」に向けた未来づくりへ貢献していきます。

もう1つは、これからの未来社会を担う小・中学生を対象とした教育プログラムです。学校での総合授業等の時間を使い、専用の教材やＳＤＧｓに取り組む企業との意見交換を通じて万博やＳＤＧｓに対する理解を深め、学習の成果を子どもたち自身がポスターやプレゼンテーションの形で発表します。このプログラムを通してＳＤＧｓについて学び、地域や社会の課題を子どもたちが自ら発見し、それらをどのように解決し、「いのち輝く未来社会のデザイン」を実現していくか、アイデアを考えてもらいます。２０２０年度は大阪府下の14校で実施し、２０２１年度以降は関西圏、さらには日本全国に展開し、より多くの子どもたちが万博やＳＤＧｓを身近に感じられる機会を広げていきたいと考えています。

大阪・関西万博は、コロナ禍を経験した人類にとって、このような局

提供：公益社団法人2025年日本国際博覧会協会

共創チャレンジと共創パートナーとの関係（イメージ図）

教育プログラムで使用する専用教材
（左：小学校用、右：中学校用）

面だからこそ見えてくる人類の可能性を確認し合い、新たな「いのち」のありようや社会のかたちを検証し提案する、二度とない機会を提供する場となるはずです。そして皆さんが未来社会に生きる当事者として、万博のさまざまなプログラムに開催前から参画して創り上げる新しい万博です。皆さんが主人公となる万博はもう始まっています！

INFORMATION

「TEAM EXPO 2025」プログラム

それは、未来をつくるチーム。
見るだけじゃない、
あなたが主人公になる万博がはじまります。

CONTACT https://www.expo2025.or.jp/team/

未来を創る自治体の実践

Challenge for the Future

東京一極集中や少子高齢化が進む中、
活力ある地域社会を維持し、発展させるためには
未来を見据えた積極的なアクションが必要だ。
ここからは、多様なステークホルダーと協働しながら
持続可能なまちづくりを推進する自治体を紹介。
それぞれの環境や魅力を生かした
ユニークな取り組みに迫る。

〈掲載自治体〉

福岡県　北九州市
東京都　豊島区
新潟県　十日町市
岡山県　西粟倉村
愛媛県　松山市

岩手県　岩手町
神奈川県　小田原市
愛知県　岡崎市
京都府　亀岡市

北九州市
CITY OF KITAKYUSHU

SDGs未来都市として世界をリード
これからの持続可能な社会を担う北九州市民の力

北九州市発展の大きな原動力

　SDGsを推進し、「日本一住みよいまち」を目指して地方創生に取り組む北九州市。その取り組みは、第1回「ジャパンSDGsアワード」特別賞受賞やOECDによる「SDGs推進に向けた世界のモデル都市」へのアジアで唯一の選定、内閣府による「SDGs未来都市」への選定など、国内外から高い評価を受けている。

　日本、ひいては世界のモデル都市として先駆する北九州市の原動力は、「市民の力」だ。発端は公害克服の歴史にさかのぼる。1900年代より「ものづくりのまち」として日本の高度経済成長を支えてきた。一方で、1960年代には大気汚染や水質汚濁の深刻な状況に陥った。この公害問題に最初に声を上げたのが地域の婦人会だった。大学や企業、行政を巻き込み、地域一丸となって問題解決に取り組んだことにより、環境が大きく改善され、1980年代には環境庁から「星空の街」に選ばれるまでになった。

　公害克服の経験で培ってきた市民の力やものづくりの技術を

強みに、北九州市では自治会やＥＳＤ（持続可能な開発のための教育）活動によるまちづくりや、アジア諸国とのパートナーシップを活かした「環境国際協力」に取り組んできた結果、今やＳＤＧｓ先進都市として日本や世界をリードするまでに至った。また、市民を中心とした公害克服へのプロセスは北九州市民の誇りであり、市民の心に根付いている。

「日本一住みよいまち」へ

北九州市は２０１８年に「ＳＤＧｓ未来都市」に選定されたことを受け、「北九州市ＳＤＧｓ未来都市計画」を策定した。そこでは、２０３０年のあるべき姿として『真の豊かさ』にあふれ、世界に貢献し、信頼される『グリーン成長都市』」をＳＤＧｓ戦略ビジョンとして掲げている。このビジョン達成に向けて経済・社会・環境の３側面を統合的に取り組み、自律的な好循環を生むことを目指している。

これら３側面をつなぐ取り組みの一つが「地域エネルギー次世代モデル事業」である。「自治体ＳＤＧｓモデル事業」にも選定されているこの事業は、エネルギーを核としつつ、技術力や市民力を活かした課題解決型の事業を展開する。具体的には、地域エネルギー拠点化（経済）、女性や高齢者・障がい者等の活躍（社会）、エネルギーや資源の地域循環（環境）等の推進である。これらによって、「持続可能な産業の振興」や「人口減少・超高齢社会への対応、生涯活躍社会の実現」、「気候変動への対応、資源効率の向上」の実現を目指している。

「真の豊かさ」にあふれ、世界に貢献し、信頼される
『グリーン成長都市』の実現

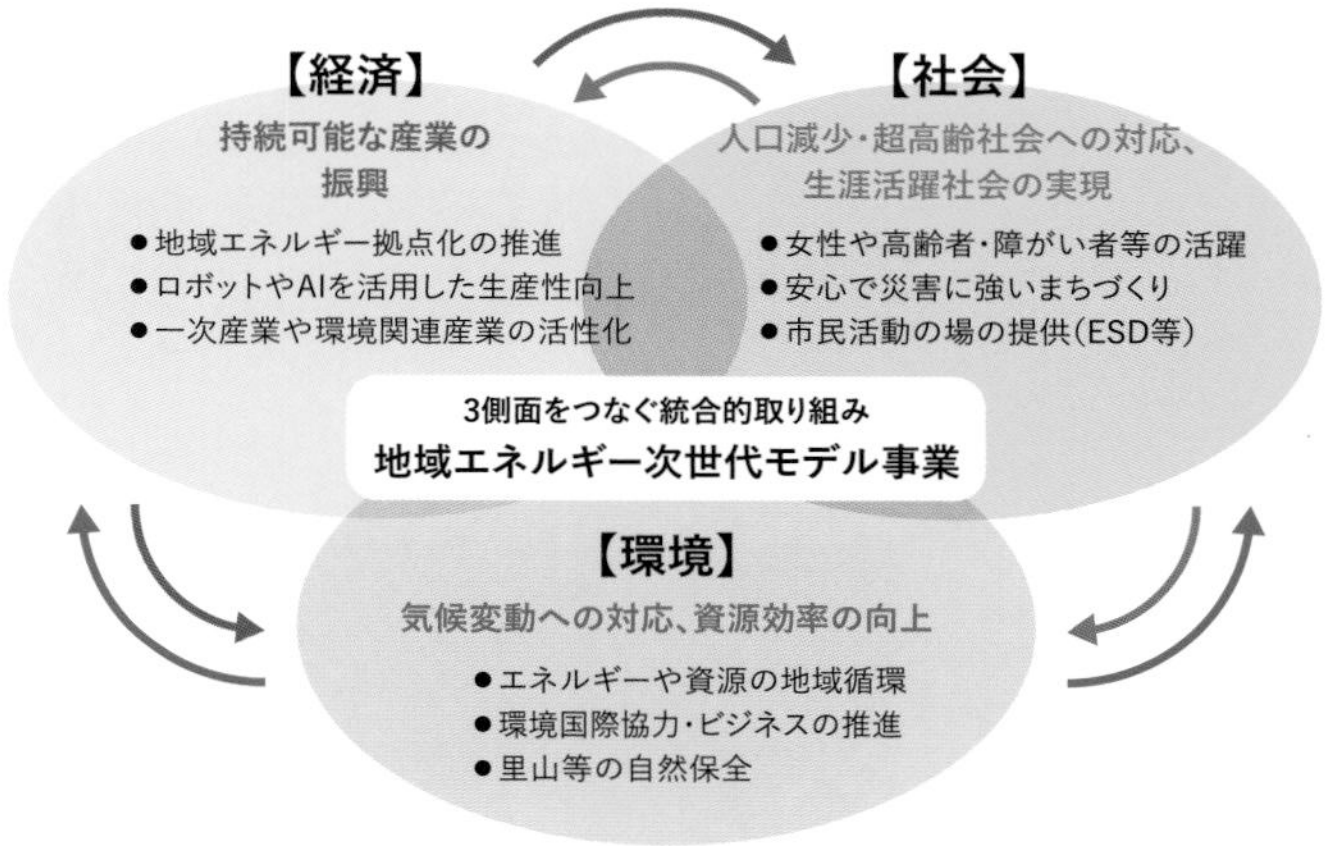

再生可能エネルギーを核とした産業拠点の形成

「地域エネルギー次世代モデル事業」の取り組みの一つとして、市西部の響灘地区における広大な埋立地を利用した、エネルギーの拠点化を進める。北九州市は日本海側に面する部分が多く、地震が多発するプレート境界から遠く離れていることから、大地震が発生しにくい地域と言われる。また、本州と海を挟んだ九州の玄関口であり、さらには発展の著しい東南アジアと距離が近く、国際拠点港湾である北九州港や、24時間運用可能な海上空港である北九州空港といった産業を支えるインフラが整っている。こうした事業の継続性・産業基盤を基に、風力発電や太陽光発電、バイオマス発電といった再生可能エネルギー拠点を形成している。市は環境・エネルギー産業分野について、技術革新につながる材料や製品、製造装置など環境技術に関する研究に対し、研究開発費の助成を実施。「循環型社会」および「ゼロカーボン社会」の実現に向けて、世界の環境・エネルギー問題の解決拠点を目指している。

中でも市が力を入れているのは、「風力発電関連産業の総合拠点化」である。特に洋上風力発電は産業の裾野が広く、北九州市の港湾インフラを活かしたものづくりの技術力を発揮できる分野である。部材の製造や輸移出入、港での風車の組み立てから洋上での設置工事、メンテナンスに至るまで、洋上風力発電に関するあらゆる機能を集積。風力発電関連産業の総合拠点として国内外の再生可能エネルギー普及への貢献を目指している。

国際協力から環境ビジネスへ

環境における市の大きな取り組みとして挙げられるのが、海外水ビジネスの推進である。これまで市は、公害克服で培った環境課題に対する技術やノウハウを基に、専門家の派遣や環境人材育成のための研修員の受け入れなど、開発途上国への環境国際協力を行ってきた。中でも、「プノンペンの奇跡」と称されるカンボジアへの技術協力は、１９９９年から２００６年の短期間で、荒廃していたカンボジアの水道事業を劇的に改善した。水道普及率

TOPIC 1

上下水道局の取り組み

ベトナム・ハイフォン市の浄水場改善事業

U-BCF整備が進むアンズオン浄水場

北九州マイスターによる溶接技術指導

2018年、ベトナム・ハイフォン市の浄水場改善事業を、北九州市海外水ビジネス推進協議会の会員企業のみで構成するJV(共同企業体)が受注した。受注金額は約20億円である。

人口約200万人、ベトナムで3番目に大きな都市のハイフォン市は大型河川の下流に位置する。ハイフォン市は、急速な経済発展に伴う河川の水質悪化という課題を抱えていた。北九州市も同様に、主な水源である遠賀川《おんががわ》で、上流の生活排水による水質汚染に長年悩まされてきた過去がある。そのとき市が民間企業と共に開発したのが、高度浄水処理技術「上向流式生物接触ろ過」(以下、U-BCF)だ。

U-BCFは、1990年代から上下水道局水質試験所が中心となって実験を繰り返し、独自に開発した技術で、水中の臭気物質や有機物など、通常の浄水処理では取り除けない有害物質の除去が可能である。河川が本来持つ微生物による自然浄化作用を効率的に行えるよう応用した技術であり、シンプルな設備で構成でき、電力消費も少ないところが特徴で、導入コスト・運転コストともに優位性があった。

2010年よりハイフォン市にてU-BCF実証実験プラントを設置し、実験を開始。ハイフォン市の河川水源に対しても有効に機能することが確認された。2014年にはハイフォン市の独自予算によって、ベトナム初となるU-BCFがビンバオ浄水場に導入された。そして、2018年には、JICA無償資金協力を得て、ハイフォン市民の約4割にあたる80万人へ給水する主力浄水場であるアンズオン浄水場へのU-BCF整備が決まり、現在プロジェクトが進んでいる。整備には北九州市の地元企業も携わっており、市は関係機関との調整や施工監理、運転指導などの面から全面的な支援を続けている。

は25%から90%に向上し、無収水量率(配水管からの漏水や盗水により料金徴収ができない水量の割合)は72%から8%まで削減、水質は飲用可能なほどにまで向上した。こうした国際協力を通して、確かな技術力によって信頼を築いた北九州市は、アジア諸国の水インフラに関する多様なニーズに対応するため、外務省やJICA等と連携し、水ビジネスを展開している。

カンボジア工業手工芸省と覚書締結

海外水ビジネスの推進にあたり、市は「北九州市海外水ビジネス推進協議会」(以下、協議会)を設立。これまで市が環境国際協力によって築き上げた東南アジア諸国との信頼関係を強みに、官民連携による海外展開の検討と推進を行うための組織である。協議会はセミナーや勉強

TOPIC 2

上下水道局の取り組み

上下水道ユース研修 ～北九州市上下水道局によるSDGs教育～

北九州市上下水道局は、市内の高校生が世界の環境問題に触れ、国際的な視点を育むための機会創出も行っている。2017年より始まった「上下水道ユース研修」はこれからの社会を中心となって動かす若い世代を対象とする。海外の水環境を体感し、学んだことを自分たちの目線でわかりやすく市民に発信してほしいという思いで始まった。第1回をカンボジア、第2・3回をベトナム・ハイフォン市で実施した。作文審査で選抜された市内の高校生6名を、市民代表として海外事業の現場へ派遣。民家を訪問し、水道が開通する場に立ち合ってインタビューをしたり、高校を訪問して北九州市のSDGsの取り組みを紹介したりなど、参加者は現地の人との交流を通じてその土地が抱える課題を肌で感じ、北九州市の取り組みへの理解を深めていく。

さらに帰国後の活動として、現地で学んだことについてエコライフステージ(※)やSDGs関連のイベントなどで成果発表を行う。参加者は現地での様子を伝えるWebサイトを作成したり、親しみやすいよう、趣向を凝らした展示を行ったりするなど、高校生の新鮮な感性で海外事業の取り組みを発信し、市民への普及につなげている。

また、ユース研修は参加した学生個人の学びにとどまらない。それぞれの参加者が学んだことを高校に持ち帰り、報告会を行ったり環境課題の解決に向けた啓発活動に自主的に取り組んだりするなど、学校での探究学習にも発展している。

上下水道局ではこのほかにも、市内の小学校から大学に至るまで幅広い層を対象とした出張授業や海外の小学校で環境教育を行うなど、水環境に関する教育に力を入れている。上下水道局は水ビジネスで培ったコネクションや活動を、地域の若者へのSDGs教育にも活かしている。

※エコライフステージ…環境活動に取り組む市民団体・NPO・企業・行政などが、さまざまなエコライフを提案するイベント。

■ 上下水道ユース研修の流れ

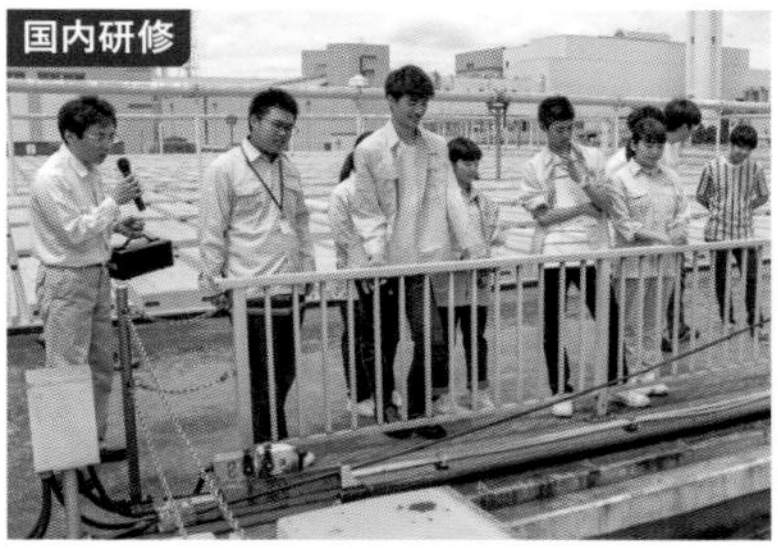
国内研修

海外研修

成果発表

<2019年上下水道ユース研修参加者作成Webサイト>　https://2019youth-ktq.jimdosite.com/

会、海外研修を開催することで、海外の現地ニーズ等の情報交換の場を設け、ビジネス機会の創出の手立てを行う。会員企業は約150社におよび、さまざまな業種の企業が所属することで、現地で必要とされる多種多様なニーズにワンパッケージで対応する。

相手国にとってのメリットは単に日本水準の上下水道設備を取り入れるだけではない。北九州市が持つ上下水道設備の維持・管理や料金徴収などのノウハウを基に、漏水問題の改善や上下水道事業の人材育成など、上下水道インフラの運用面にまでおよんでいる。北九州市職員が帰国した後でも、現地の人たちの力で上下水道インフラを維持できるよう、持続可能な事業展開を支援している。

市にとっても、技術力のある地元企業、特に中小企業が新たに海外事業に進出することで、産業振興というメリットがある。また、水環境が整っていない地域に一から上下水道設備を整備する経験は、若手職員の育成という側面でも大いに役立っている。

市民のSDGsへの理解浸透と シビックプライドの向上

交流会の様子

市民の力を集め SDGs推進活動を支援

SDGs達成に向けたさらなる活動推進のためには産学官民の連携が必要不可欠である。そこで、北九州市は、SDGsに取り組む、または関心を持つ団体や企業、個人が自由に参加できる「北九州SDGsクラブ」を開設した。会員数は2020年11月時点で1169に上り、これまで3回開催された交流会には、各回120～140名の参加者が集った。会員同士の交流や情報交換を通じて、各々の活動の活性化を目指す。

同クラブは新たな取り組みとして、2020年に「プロジェクトチーム」を発足した。地域課題の解決のために、趣旨に賛同するクラブ会員同士が連携して活動に取り組む。

明治学園中学校・高等学校主体のプロジェクトでは、市内のほかの高校や東京海上日動火災保険㈱、九州朝日放送㈱、積水ハウス㈱などの企業と連携し、高校生が主体となって被災地訪問やシンポジウムを実施。北九州地域の「地域防災力」の向上を目指し、啓蒙活動を行っている。このように同クラブを通して共通の認識を持つ仲間を募ることができ、活動の幅を広げられることが特徴だ。市は会員のマッチングや情報発信のサポートなどで活動を推進し、「地域課題の新たな解決モデル」の創出を目指す。

さらに市内の複数の金融機関と連携し、会員企業のSDGsを活用した経営戦略を支援する「SDGs経営サポート」を開始。ESG・SDGs経営やビジネスマッチングなど、さまざまな経営課題を支援する。

北九州市での経験が、社会に触れ、多くの価値観を知る機会に

小学生の頃から貧困問題に関心があり、解決に向けて何かできないかと考えていました。始めの一歩となったのが、「G7北九州エネルギー大臣会合」に伴って開催された、「ユースエネルギーサミット北九州」でした。北九州市のものづくりの技術で、身近にある安価なものからクリーンな電力をつくれることを知り、こうした技術力があれば貧困問題に対しても何かできるのではないかと思いました。これを機に、北九州市主催の活動に参加するようになりました。

高校2年生の夏、北九州市の海外上下水道事業支援と上下水道普及による人々の生活の変化を見て学びたいと思い、「上下水道ユース研修」に参加しました。まず、この研修が、市内の高校生なら誰にでもチャンスのある、間口の広いものであることに感動しました。また、現地の人と交流したからこそ学べることも多かったです。日本人なら水道が整備され、きれいな水を飲めることを当然と感じますが、現地の人は水道が整備されることにより、水道料金が発生することにむしろ抵抗を感じるなど、日本人と現地の人との感覚の違いが印象的でした。

北九州SDGsクラブには、CSV経営やESG投資を行っている方の話を伺えると思い参加を決めました。当時高校生だったこともあり、社会人の方と話す機会がなかったため、交流会での情報交換は貴重な経験でした。「世の中をよりよくしたい」という共通の理念に基づく取り組みが多くの人に伝播することで、北九州市からSDGs実現に向けてうねりを起こせると思いました。

北九州市で生まれ育ったことで、多様な経験をさせていただきました。私が今、東京大学で勉強できているのは北九州市でさまざまな経験を積んだからだと思います。北九州市に恩返しができるよう、また、世界に貢献できるよう、大学での研究に取り組みたいです。

畠中 遥子
東京大学 前期教養学部 文科三類
福岡県立小倉高等学校 2019年度卒業

教育への支援を通して　ＳＤＧｓの理解浸透を促進

北九州市はＳＤＧｓ教育にも力を入れている。２０１９年には、北九州市教育大綱に「ＳＤＧｓの視点を踏まえたシビックプライドの醸成」を明記。企業や大学など市民と一体となって教育を支える取り組みを進め、未来を担う子どもたちへのＳＤＧｓの理解の浸透と、市に対する誇りや愛着の向上を図る。

環境教育から始まった北九州市のＥＳＤの取り組みは、教育現場にしっかりと根付いている。小・中学校の教育現場では、ＳＤＧｓとはどういうものであるかを知り、社会の課題に興味を持つことを目的に、各学校の地域の特性を活かした活動が行われている。例えば、北九州市立藍島小学校では、海に囲まれた立地を活かし、海岸・島内の清掃やアジ釣り・干物づくり体験を通して自分たちの身近にある環境の保全や環境資源をテーマにした活動に取り組む。

中学校になると活動はさらに発展的に。北九州市立則松中学校では生徒会主体の「きずなプロジェクト」を発足し、日本各地の災害復興支援と新型コロナウイルス感染症と戦う医療現場の方への応援を行う。具体的には、被災地の特産品を直接購入し、バザーで販売。その収益金を被災地への義援金や北九州市応援寄附金として届ける。また、被災地を訪問し、被災当時の様子や復旧の様子を直接聞くことで、今後の被災地支援の在り方を考える学びにもつなげる。

瀬ケ崎海岸清掃
（北九州市立藍島小学校）

市はこれらの教育活動を「ＳＤＧｓ教育推進事業」として市立の小・中学校、高等学校、特別支援学校のうち24校を推進校に指定し、教育内容の指導や予算の支援を行う。そして、その取り組みを広く発信することで、市全体でのＥＳＤの推進を図る。

地域学習資料を作成し、ＳＤＧｓを教科の学びの題材に

市教育委員会では新学習指導要領に示された「持続可能な社会を創る担い手」の育成を図るために、教科などの学習で活用できる地域教材資料集を作成し、小学校３・４年生に配布。２０２０年度より授業で活用されている。

例えば、「火事」の学習で取り上げる消火剤は、市内の石鹸会社と北九州市立大学が共同開発したものだ。環境にもやさしく、全国の消防署で普及が進んでいる。また、「市内の文化財」の学習では、世界文化遺産に登録された官営八幡製鐵所が、近代日本における産業革命の象徴的存在であり、その建造物の一部が今も残されていることなどを取り上げる。このように、シビックプライドが醸成されるポイントとなる地域の特色や歴史、伝統文化をまとめている。全国版の教科書には掲載されない、市ならではのポイントをまとめているため、「地域に根差した学習ができる」と教育現場からも好評である。

SDGsの視点に立った
地域教材資料
「わくわく！北九州」

「ＳＤＧｓ学習のコーナー」では「まちの好きなところを紹介しよう」といった体験を促す内容を盛り込むことで、直接見る・聞く・触れるなどの体験的な学習を広げる。また、家庭内でも活用することで、保護者も含めたＳＤＧｓへの理解促進・シビックプライドの醸成を図る。

現在、２０２１年度導入予定の地域教材を作成している。グローバルな視点、ローカルな視点の両方から、中学生等がＳＤＧｓや北九州市について学べる教材になる予定だ。

高校における探究学習の推進

ＳＤＧｓや北九州市の地域について学んだことを、高校では探究学習でさらに深める。例えば、福岡県立八幡南高等学校では、1年間にわたる授業を通して地域が抱える課題解決に取り組む。企業や団体、行政などの職員の講演等から北九州市が抱える課題を学び、一人ひとりが1年を通して探究したいテーマを探ることから始まる。自分たちで情報収集の計画を立て、企業研究やインタビューなど、フィールドワークを行いながら調査を行う。途中でＳＤＧｓの理解を深めるための全体講演などを挟

みながら、各自テーマについての考察を深め、締めくくりには探究学習の成果発表を行い、1年を振り返る。市は職員が講師として赴き、北九州市の取り組みに関する出張授業を行うほか、学習内容に関する相談対応や意見交換、北九州ＳＤＧｓクラブを介した企業や団体との連携をサポートしている。実際に、商店街や企業、大学など、さまざまな団体が関わっており、市民・団体のＳＤＧｓ教育への理解の高さがうかがえる。

また、「高校生ＳＤＧｓ選手権大会」という形で、探究学習の成果発表の場を設けている。２０２０年３月に開催予定だった第１回大会は、新型コロナウイルスの影響で中止となってしまったが、動画などで各校の取り組みを公表し、探究学習の活性化を図っている。

このように北九州市では小学校から中学校、高等学校へと段階的にＳＤＧｓや地域への学びを深める取り組みを支援することで、持続可能な社会を担う人材の育成に取り組んでいる。

公害克服の歴史から息づく市民の力を原動力に、北九州市はこれからも「日本一住みよいまち」の実現に向けて挑戦し続けていく。

自治体 × 大学

自治体・地域との連携で大学のSDGs推進を加速

北九州市立大学では、2016年の創立70周年を機に、「地域と歩む」「環境を育む」「世界（地球）とつながる」という3つのビジョンを策定しました。これは、北九州市が蓄積してきた産業技術やアジアとの交流の歴史、環境問題への取り組みといった地域の特性を踏まえたもので、SDGsとも密接につながっています。

北九州市という地域の規模感もよいのか、本学では市や地元企業・団体との連携が盛んです。市との連携においても、特定の部署だけでなく、さまざまな局とやり取りしながら活動を進めています。

本学の国際環境工学部で実施する未来地域産業インターンシップは、北九州市環境局や北九州地域産業人材育成フォーラムのバックアップのもと、環境に関する事業を行う企業の紹介を受けて実施しています。洋上風力発電産業などSDGsの観点から今後成長が期待できる企業活動を経験することは、学生が就職先を考えるうえで非常に魅力的です。学生への教育という側面はもちろん、地域の産業人材の育成・確保というところにも効果的ですので、地域と一緒になって取り組んでいます。

市と洋上風力発電分野における世界的な拠点であるドイツのブレーマーハーフェン市とのつながりをきっかけに、本学も先進的な取り組みを行うブレーマーハーフェン大学と大学間協定を結んでおります。再生可能エネルギー関連の政策や研究、人材育成に関する意見交換などの交流を踏まえて、共同研究プロジェクトの立ち上げや人材育成教育プログラムの開発などの学術交流に発展しています。

また、地域社会の持続可能な発展を目的とした「i-Designコミュニティカレッジ」という社会人教育プログラムがあります。アクティブシニアや社会人の「もう一度学びたい」「社会とのつながりを持ちたい」という声に応えた学びを展開しています。

SDGs推進には地域や企業など外部との連携が必要不可欠です。本学でも大学内の取り組みにとどまらず、教育活動の場を地域や世界へと広げていきたいと考え、その一つのステップとして、国連大学がSDGsを軸に国内大学の連携を深めるために創設した「SDGs大学連携プラットフォーム」に参加しています。今後は、ブレーマーハーフェン大学との連携のように、海外の研究機関との連携も進めていきます。特に環境問題は国境を越えて考えなければなりません。研究を通じて、世界的な取り組みを北九州から発信していきます。

北九州市立大学
学長
松尾 太加志

北九州市立大学
THE UNIVERSITY OF KITAKYUSHU

Information

北九州市 Kitakyushu City

〒803-8501 福岡県北九州市小倉北区城内1-1　URL：https://www.city.kitakyushu.lg.jp/

SDGsを推進する企業・学校の皆様にお応えする 北九州市のプロジェクト

1— SDGsの視点 オフィスリノベーションの始動

企業・オフィスの取り組み

1. テレワーク環境の整備
2. 感染予防対策に配慮した改修
3. 省エネルギーや再生可能エネルギーの調達

市による支援

1. オフィスリノベーション補助金の助成（最大5億円、対象経費の20%）
2. New Normalオフィス改修費の助成（最大500万円、対象経費の50%）

これからのウィズコロナ・ポストコロナの時代において、市民が安心して暮らすことのできるまちづくりへとつながるものとして、本市はオフィスのリノベーションやNew Normalオフィスに向けた改修への支援を開始しました。

新型コロナウイルス感染症の拡大により、テレワークによる在宅勤務など仕事のデジタル化が加速。タッチレスやソーシャルディスタンスなどの新しい衛生観念や、都市部からの地方分散など、働く環境や生活に大きな変化をもたらすと共に、これまでのオフィスの役割を大きく変え、オフィス機能や働く場所の地方分散が一層加速していくと想定されます。

そこで、本市では社会や企業活動の持続性を考える企業・オフィスビルの環境整備に対する助成金を新設し、SDGsの視点を持ったオフィスづくりを進めていきます。

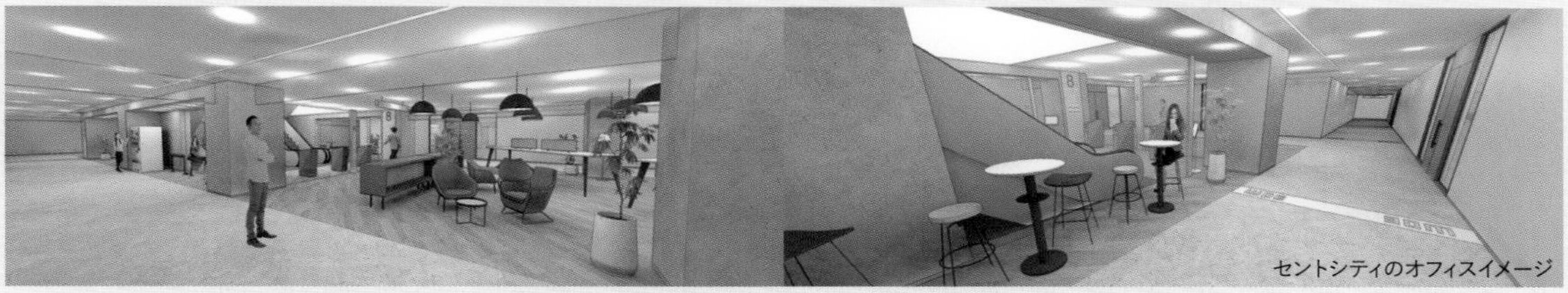

セントシティのオフィスイメージ

お問い合わせ先　北九州市産業経済局企業立地支援課 TEL:093-582-2065

2— SDGs修学旅行

これまで本市では、「ものづくりの街」「公害を克服した環境モデル都市」という強みを活かした産業観光や環境学習など、北九州市ならではの修学旅行を提案してきました。新たにSDGsに関するさまざまな学習ができる「SDGs修学旅行」を企画し、2021年度からの実施に向けて全国からの誘致を計画しています。次世代を担う若者へ「SDGs未来都市・北九州市」での学習機会を提供することで、未来の人材育成に貢献していきます。

お問い合わせ先　北九州市産業経済局観光課 TEL:093-551-8150

SDGs修学旅行で学べること

1. 世界や日本におけるSDGsの取り組み
2. 北九州市におけるSDGsの取り組み
3. 体験プログラムや工場見学から学ぶ関連企業・施設におけるSDGsの取り組み

自動車リサイクル工場見学の様子

豊島区 TOSHIMA CITY

「消滅可能性都市」から「SDGs未来都市」へ 文化と共存し叶えた自治体再生とビジョン

区の取り組みを熱く語る高野之夫区長

財政危機・消滅可能性都市から苦難を乗り越え復活した豊島区

消滅可能性都市――人口流出や少子高齢化によって20〜39歳の若年女性人口が5割以下に減少し、将来存続できなくなる恐れがある自治体を指す言葉である。豊島区は2014年に東京23区で唯一、消滅可能性都市の指摘を受けた。高齢化が進み、ファミリーが少なく単身者の割合が非常に高い、著しく持続性が低い都市と判断されたためだ。

豊島区は世界有数のターミナル駅「池袋」を有し、新宿・渋谷に次ぐ副都心として存在感の高い自治体だ。また古くから多様な文化が根付く都市であり、昭和初期の「池袋モンパルナス」では多くの芸術家を輩出、1950年代にはアパート「トキワ荘」で手塚治虫や藤子不二雄などマンガ界の巨匠たちが過ごした。現代でも、舞台芸術からマンガ・アニメなどのサブカルチャーまで、多様な文化が共存する特色ある都市である。

過去、豊島区は財政難に直面していた。ピーク時の1999年

V字回復を果たした豊島区の人口推移と基金・負債額

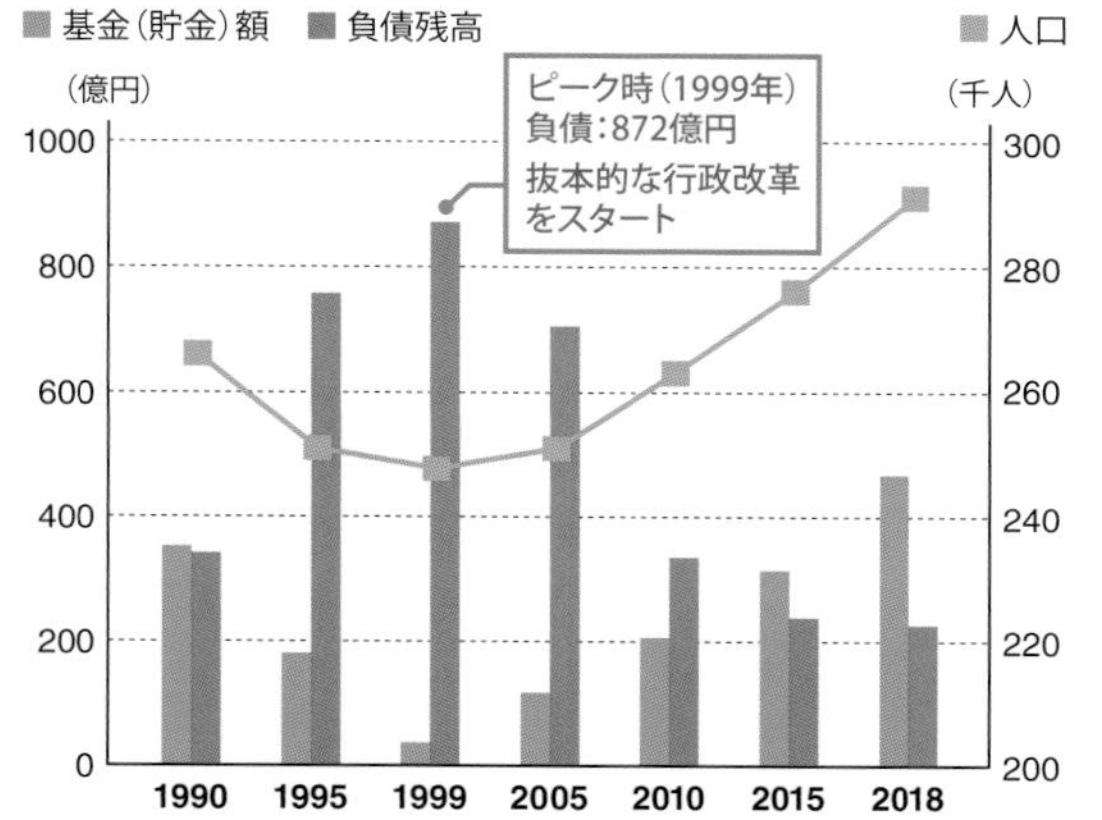

まちランキング（首都圏）

には負債額が８７２億円にまで膨れ上がり、抜本的な改革が不可欠であった。同年に区長に就任した高野之夫氏（１９９９年〜現職）は、文化を中心とした魅力的なまちづくりを軸に、赤字財政の解消と文化振興を推進。魅力創出により人口や納税額が増加し、２０１３年には23年ぶりに基金額が負債額を上回った。明るい未来が見えた矢先の消滅可能性都市の指摘は、衝撃的な出来事であった。

しかし、指摘を受けた後の豊島区の動きは早かった。同年より、文化を中心に持続発展する「国際アート・カルチャー都市」を、目指す都市像に掲げ、女性や子ども、高齢者にやさしいまちづくりを推進。その結果、財政が黒字化、ファミリー数も増加し、消滅可能性都市からのV字回復を果たした。２０２０年には、東京都で初となる「ＳＤＧｓ未来都市」と「自治体ＳＤＧｓモデル事業」のダブル選定を受け、持続可能な自治体としてますます存在感を高めている。

文化の灯で区民の心を照らし、ピンチをチャンスに変える

財政危機にあった１９９９年、豊島区は24万人の人口に対して約３０００人の職員を抱え、人件費比率が3割と23区の中で最も高かった。過剰な職員数を２０００人まで減らすため、出張所の廃止や施設の統廃合など事業の整理を実施。職員採用を大幅に減らし、全職員の給料引き下げという大胆な施策も行った。

財政危機から文化中心のまちづくりで豊島区を立て直した高野区長は当時をこう振り返る。

「かなり手荒な行財政改革を進めてきたのでひんしゅくもたくさん買いましたし、区全体に閉塞感が漂っていました。それでも厳しい財政運営をしなければ豊島区は破綻してしまう。未来へ向かって今を乗り越えるために、区民の心を明るく照らす、夢や希望となるものが必要でした。それが文化を中心にしたまちづくりの原点です」

豊島区は２００５年に文化創造都市宣言を発表、２００６年に世代を超えた交流施設「区民ひろば」をオープン。２００９年には文化庁長官表彰の文化芸術創造都市部門に選出され、財政の立て直しも着実に進んでいった。

２０１４年に消滅可能性都市の指摘を受けた際も、高野区長はこれを好機と捉えた。

「発表の直後に緊急対策本部を立ち上げました。区を存続させるためには誰もが住みたい、訪れたいと思うようなまちをつくらなければならない。そこで目指す都市像に『国際アート・カルチャー都市』を掲げ、持続的な発展を実現するために、子どもと女性にやさしいまちづくり・地方との共生・高齢化への対応・日本の推進力を4つの柱として具体的な施策を展開してきました」

豊島区は２０１５年に国際アート・カルチャー都市構想を発表。２０１９年には「東アジア文化都市２０１９豊島」を開催し、日本代表都市として中韓の代表都市と1年間の文化交流を行った。

「国際アート・カルチャー都市は、『まち全体が舞台の誰もが主

東アジア文化都市2019豊島 閉幕式典の様子

文化は人々に感動と勇気を与えます 目に見えないからこそ大切にしたいのです

役になれる劇場都市』をテーマに、持続して発展するインクルーシブな社会の構築を目指してきました。その方向性はまさにＳＤＧｓと一致しており、豊島区の取り組みをまとめる形で２０２０年度のＳＤＧｓ未来都市・自治体ＳＤＧｓモデル事業に採択されました。文化を中心に、豊島区が積み重ねてきたことを高く評価いただきうれしい限りです」

「オールとしま」で取り組む持続可能なまちづくり

豊島区の持続可能なまちづくりを支えているのは公民連携による経済・社会・環境の三側面をつなぐ統合的取り組みである。「公」が先導してハード整備やにぎわいづくりのきっかけを創出し、「民」がこれに連鎖し、参入することで持続的に事業が進展する好循環を生み出す。この公民連携体制を「オールとしま」と呼び、豊島区国際アート・カルチャー特命大使をはじめとしたさまざまなステークホルダーが参画している。

その代表的な事業の一つが豊島区新区庁舎と旧区庁舎跡地活用である。新区庁舎は２０１５年に竣工。最大の特徴は日本初の民間マンション一体型庁舎である点と財政負担ゼロで建設された点である。移転にかかる費用も、再開発を条件に旧区庁舎跡地を民間事業者に貸し付けた借地料を充当した。現在、旧区庁舎跡地は「Ｈａｒｅｚａ池袋」として生まれ変わり、８つの劇場が運営される池袋エリアのにぎわい創出の中心として、「誰もが主役になれる劇場都市」を実現する土台となっている。

マンション一体型の新区庁舎

あらゆる都市のモデルとなるにぎわい生み出す公園運営

豊島区は自治体ＳＤＧｓモデル事業として、新区庁舎建設・跡地活用のような、公民連携の都市再生に取り組んでいる。現在は「池袋駅周辺４公園を核にしたまちづくり」事業を推進。公費に依存しない公園運営を目指し、イベント開催やテナント料などの収益を運営費に充当する。各公園には持続可能な公園運営を実現させるためのエリアマネジメント組織等が組成され、公園を活用したイベントの企画運営、積極的な「民」や他のエリアマネジメント組織との連携を図る。２０２０年12月には区内最大面積のとしまみどりの防災公園（イケ・サンパーク）がグランドオープン。ＳＤＧｓを意識したファーマーズマーケットを毎週末開催している。

また、池袋エリアの回遊性の向上を促進し、各公園のにぎわいと魅力をまち全体に波及させるため導入されたのが、池袋駅周辺エリアを結ぶ「ＩＫＥＢＵＳ」である。ＩＫＥＢＵＳは環境負荷の低い電気バスで、最高速度は時速19kmとゆっくり。駅周辺の景色を楽しみながら移動することができ、車椅子用の昇降機を備えるなど、誰しもが利用しやすい設計がなされている。

２０１９年11月には、ＩＫＥＢＵＳの運行を支援するとともに、まちの魅力を発信するため「ＩＫＥＢＵＳサポーター制度」がスタート。池袋に拠点を置く企業や大学、金融機関が参加し、ＩＫＥＢＵＳへの広告掲出や共同イベントの開催などを通して公民・地域一体となって運営に取り組んでいる。

４公園で培った運営ノウハウは中小規模の公園にも活用される。「中小規模公園活用プロジェクト」では、民間企業や団体、地域住民と連携し、区内に点在する中小規模の公園の地域特性にあった活用方法を検討、実践。「地域とともに育つ公園」モデルの実現を目指す。

たとえ時代が大きく変化しても文化の灯をともし続ける

２０２０年、さまざまな取り組みが実を結ぶ中、新型コロナウイルスの流行という予測できない事態が豊島区を襲った。イベントなど文化関連の興行がほとんど中止され、先行きがまったく見えない。致命的とも思われる状況で、高野区長は文化政策についてこう語る。

「私は今の状況を悲観していませんし、このピンチもチャンスに変えていきたいと思っています。文

Information

豊島区 Toshima City

〒171-8422 東京都豊島区南池袋2-45-1 URL：https://www.city.toshima.lg.jp/

化中心の政策を打ち出したときは『文化では飯を食えない』という批判も受けました。それでも文化政策に取り組み続けた結果、豊島区は魅力あるまちとしてさらなる発展を続けています。アフターコロナにおいても、文化という軸からぶれることなくまちづくりを進めて行きたい。そのスタートとして11月1日を『としま文化の日』と条例で定めました」

豊島区はコロナ禍によって人々が文化に触れる機会を失わないように、「としま文化応援プロジェクト」と題して10月27日から11月30日の期間さまざまな文化イベントを開催。コロナ対策のもと、文化によるまちづくりを次世代へと継承し、文化の灯をともし続けるために動き出した。補助金として、イベント開催時の感染対策費用を一部負担する。

「時代が変化し、生活様式も変わる中で、誰一人取り残すことなく変化に対応しなければなりません。豊島区の仕事はすべてSDGsにつながっています。東京全体を引っ張っていくモデル都市となるためにも、『オールとしま』で国際アート・カルチャー都市を実現していきます」

「公園整備でSDGsを実現する」IKEBUSが結ぶ都市空間活用プロジェクト

池袋西口公園（GLOBAL RING）

本格クラシック演奏が可能な野外劇場では東京芸術劇場等と連携してイベントを展開。併設の民間運営のカフェは外国人案内を行い、観光案内機能を担う。新たなナイトライフ観光コンテンツの中心となる公園である。

としまみどりの防災公園（イケ・サンパーク）

あらゆる防災機能を有する区内最大面積の公園。ファーマーズマーケットを運営しにぎわいを創出する。2020年9月には「としまキッズパーク」がオープン。「インクルーシブな公園」をコンセプトにすべての子どもたちに安全な遊び場を提供する。

IKE BUS イケバス

IKEBUSは、池袋駅周辺の回遊性向上と低炭素社会の実現に貢献する地球環境にやさしい電気バス。水戸岡鋭治氏デザインの真っ赤な車両は車椅子用電動リフトを備えるなど人にも優しい設計。災害時は非常用電源として活用される。

中池袋公園（Hareza池袋）

国際アート・カルチャー都市のシンボル「Hareza池袋」の前庭に位置するオープンスペース。「文化とにぎわい」や「アニメの聖地・池袋」の発信拠点としてさまざまなイベントに対応する。災害時は帰宅困難者の受け入れが可能だ。

南池袋公園

子どもと女性にとって居心地がよい空間を目指した芝生が広がる公園。地域住民やカフェ事業者で構成される「南池袋公園をよくする会」によって、イベントやカフェ運営を行い、収益の一部を運営費へ充当。地域が施設運営に関わる仕組みのモデルである。

十日町市

TOKAMACHI CITY

選ばれて住み継がれるまちを目指して——
雪国発！ 人×自然×アートで取り組むSDGs

提供：(一社)十日町市観光協会

特色ある観光資源やアートを通じてまちの活気を取り戻す

　新潟県の南部に位置する十日町市は、日本有数の豪雪地帯として知られ、古くから厳しい環境の中、自然と共生しながら発展してきた歴史を持つ。市の南東部は上信越高原国立公園に指定され、清津峡をはじめとした美しい景勝地が点在しており、毎年多くの観光客が訪れる。また松代・松之山地区に広がる棚田は、斜面の多い土地を少しでも活用するため先人が自然と共生してきた足跡である。大型機械を使えない棚田は住民の手作業によって管理され続け、今もなおその美しい景色を保っている。

　豊かな自然を活用し、農林業や絹織物業を中心に発展してきた十日町市であったが、産業の高度化に伴い、人口流出や高齢化が深刻化。２０１０年度国勢調査での高齢化率は、32・2％と県平均の26・3％を大きく上回る水準に。特に、山間部の人口減少は深刻で、棚田やブナ林などの美しい景色の守り手がいなくなる恐れがあった。まちを持続させるため、美しい十日町の景観を守るために、人口の減少を抑えつつ、都市部に暮らす人々のＵＩターンを促す施策が求められた。

この状況を受けて２０１６年度からスタートしたのが、第二次十日町市総合計画だ。「選ばれて住み継がれるまち とおかまち」を市の目指す姿に掲げ、地域の魅力創出や持続可能なまちづくりに取り組んでいる。「人にやさしいまちづくり」「活力ある元気なまちづくり」「安全・安心なまちづくり」の３つの基本方針と「まちづくりの推進に向けて」を軸に、子育て世帯の支援や大地の芸術祭を活用した魅力の創出・発信など53の施策が展開されている。

また２０２１年からの後期基本計画では、市の目指す姿とＳＤＧｓの目指す方向性が一致していることや、総合計画の実行によってＳＤＧｓ推進に貢献できる点を踏まえ、これらの個別の施策とＳＤＧｓを関連させ、選ばれて住み継がれる持続可能なまちづくりを目指す。

反対多数から世界的イベントへ まちづくりを支える芸術祭

十日町市の魅力創出を担うのは、大地が生み、人の手によって育てられた自然環境や観光資源、そしてそれらの魅力を最大限に生かす「アート」である。アートに関する取り組みで特徴的なのは、２０００年より3年ごとに開催されている「大地の芸術祭 越後妻有アートトリエンナーレ」だ。里山や棚田、信濃川などの雄大な自然を舞台にさまざまな作品が展示され、アーティストは慣れない土地で地域住民と協力しながら作品をつくり上げる。このコラボレーションにより、地域の持つさまざまな価値を再発見し、地域の魅力を高め、そして作品を通して世界中に発信し、地域の活性化を目指す。

大地の芸術祭が開催されるきっかけとなったのは、１９９４年の新潟県の施策「ニューにいがた里創プラン」にまでさかのぼる。これは新潟県が広域行政圏の実施する地域活性化の取り組みに対して支援を行う政策で、十日町市を含む十日町地域広域行政圏はその第1号認定を受けた。当時の6市町村は短期的な補助金獲得を狙う「箱モノ」の建設ではなく、長期的に魅力を創出し続けるようなソフト事業の

TOPICS

十日町市の魅力を支える人×自然が生み出すアート

地域の魅力を磨き上げ発信する世界的イベント

草間彌生「花咲ける妻有」Photo by NAKAMURA Osamu

大地の芸術祭

十日町市のまちづくりの中心を担う大地の芸術祭。「人間は自然に内包される」という基本理念のもと、地域資源の持つ価値の再発見や磨き上げを行う。

「自然と生きる」日本の原風景を残す場所

提供：(一社)十日町市観光協会

棚田

複雑に入り組んだ地形の中で、少しでも多く収穫を得るために先人がつくり上げた棚田。美しい棚田はロケ地として利用されることもあり、人々の心を魅了し続ける。

火山活動が生み出した景色とアートの融合

マ・ヤンソン／MADアーキテクツ「Tunnel of Light」 Photo by YAMADA Tsutomu

清津峡

清津峡は日本三大峡谷の1つに数えられる名勝。第7回大地の芸術祭では、清津峡渓谷トンネルが自然を活用したアートとして生まれ変わり、その峡谷美を世界中に発信している。

受け継がれる「里山景観を守りたい」思い

提供：(一社)十日町市観光協会

美人林

美しいブナが自生する美人林は、一度すべて伐採された過去を持つ。その後、この地で一斉に芽吹いた木々は野鳥の生息地として価値が見直され、住民たちによって保全活動が続けられている。

人の心の温かさが
持続可能なまちづくりの中心を担う

育成を重視。アートにより地域の魅力を引き出し、交流人口の拡大を目指す10カ年計画「越後妻有アートネックレス整備構想」がスタートした。アートによる「まちづくり」に実績のあった北川フラム氏を総合ディレクターに迎え、「大地の芸術祭 越後妻有アートトリエンナーレ２０００」が開催されることとなる。

当時、アートによる「地域おこし」は前例が少なく、「アートで地域活性化」という考え方への疑問の声や、多くの市民にとってなじみのない現代アートに予算を使うことへの反対意見があった。また、観光地ではないこの地域に外から観光客が流入することへの抵抗感もあった。市民からの反対が多い逆風の中であったが、２０００年に開催された第1回芸術祭には16万人が来場し、32の国と地域から１４８組のアーティストが参加。以後、世界的な知名度を高めながら来場者は増加し、２０１８年には54万人が来場するイベントにまで成長した。大地の芸術祭の成功を受けて、瀬戸内国際芸術祭などの地域を舞台にした国際芸術祭が日本各地で開催。まさしく大地の芸術祭はアートによる地域活性化のパイオニアとなったのだ。

2021年の大地の芸術祭も、新型コロナウイルス感染症への対策を最大限に行ったうえでの開催を目指す。自然と共存してきた経験を生かし、新しい開催の形を模索する。

注目が集まる里山の暮らしと積極的な移住定住の促進

持続可能な自治体となるには地域の魅力創出や、交流人口の拡大だけでなく、人口を増やす取り組みも不可欠だ。十日町市では過疎化や少子高齢化による人口の減少に対処するため、さまざまな取り組みを行っている。

定住促進助成事業では、UIターンした世帯に補助金を交付し、慣れない里山暮らしをサポート。ここ5年間で１００世帯の転入があり、18歳未満の子どもを2人以上含む子育て世帯は約6割と着実に成果を上げている。東京23区からの移住については「移住支援金」を設定。国や県と連携しながら首都圏からのIターン受け入れを狙う。

また、新型コロナウイルス感染症の流行を受けて、人口が密集していない安全・安心な暮らしの場を求める世帯や、十日町市を離れて生活している世帯を対象にした「ふるさと回帰UIターン補助金」を新設。テレワークに必要な通信環境整備への助成金や住宅取得にも補助を行っている。２０２０年11月末時点で6世帯がこの制度を活用しており、市は２０２１年3月まで継続して申請を受け付ける予定だ。

補助金以外のUIターン促進施策として展開されているのが、市内の空き家と転入希望者をつなぐ「十日町市空き家バンク制度」である。空き家の所有者が空き家バンクに登録することで、市のUIターン情報サイトに物件の情報が掲載されるシステムだ。またUIターン情報サイトでは市の魅力や移住者のインタビューなどを掲載。移住・定住の情報発信を積極的に行っている。

移住者の声で多いのが地域住民の温かさだ。冬には2mを超える積雪がある十日町市では、互いに協力しながら生活をするという意識が根付いており、慣れない雪国で生活する移住者にとって大きな支えとなる。

「移住してきた人を地域の一員として迎え入れ、一緒に厳しい雪国での生活を支え合う」

気候は寒くとも温かい心で迎えてくれるのが十日町市の魅力だ。

厳しい自然の中でも活気ある持続可能な自治体を目指して

厳しい自然環境の中、人と自然とアートが混ざり合う大地の芸術祭を成功させ、日本の「地域おこし」をリードしてきた十日町市。ＳＤＧｓを取り入れた後期基本計画では、再生可能エネルギーの創出やスマート農業の推進、生活交通の維持や利便性向上に重点的に取り組む。そのさきがけとして、２０２０年12月に松之山温泉を活用した地熱バイナリー発電所が運転を開始。日本三大薬湯として人々の疲れを癒やし、支えてきた松之山温泉は、地球の未来を支える存在へ生まれ変わる。「選ばれて住み継がれるまち」の実現に向け、十日町市はＳＤＧｓを推進し、さらなる飛躍を目指す。

Information

十日町市 Tokamachi City

〒948-8501 新潟県十日町市千歳町3-3　URL：http://www.city.tokamachi.lg.jp/

TOPICS

ふるさと回帰UIターン補助金とお試し移住体験

ふるさと回帰UIターン補助金

新型コロナウイルス感染症が拡大し、テレワークなどの新しい働き方や都市部への一極集中を避ける動きを受け、新しいUIターン補助金を設定。単身でのUIターンの場合は30万円、世帯でのUIターンの場合には50万円を交付し、その他テレワークに必要な通信機器の購入や住宅の取得に対して補助を上乗せする。十日町市内での就業が必須な定住促進助成事業補助金と異なり、フリーランスはもちろん、市外の企業に在籍したままでも補助を受けることができるのが特徴だ。

お試し移住体験プログラム

UIターンによって地方に移住するのは、人生においてとても大きな決断。「地方に移住してみたいけど、イメージと実際の暮らしのギャップが不安」「求めているライフスタイルを実現できるのだろうか」など、実際に住んでみないとわからないことがたくさんある。十日町市では、移住希望者の思い描く働き方や暮らし方が地域で実現できるかどうかを体験できる「お試し移住体験プログラム」をスタート。1週間テレワークを行いながら地域と交流する「テレワーク編」と、ホームステイ体験や地域おこしなどに参加する「地域交流編」を提供している。また十日町市に住んでいる移住者と交流する機会も設けられており、移住してよかったことや大変だったことなど、じっくり生の声を聞くことができる。

民家を改築したワーキングスペースを提供

TOPICS

民間と連携した再生可能エネルギー創出への取り組み

東日本大震災を契機に、十日町市では電力消費量の30%を再生可能エネルギーで創出するため、さまざまな取り組みにチャレンジしている。松之山温泉を利用した地熱発電の取り組みは2010年までさかのぼり、多くの困難を乗り越え2020年12月13日に開所式を迎えた。民間事業者が設立した「松之山温泉合同会社 地・EARTH（ジアス）」が発電事業を担い、一部電力は「自然エネルギー活用を通じた連携・協力協定」を結んだ世田谷区へと供給される。

地熱バイナリー発電所の稼働は県内初で、松之山地域の活性化だけでなく、十日町市全体の再生可能エネルギー政策の大きな一歩となった。現在、使用済み紙おむつの燃料化実証事業などにも取り組んでおり、さらなる再生可能エネルギーの創出に向けて十日町市は前進し続ける。

松之山地域の山中で稼働する地熱バイナリー発電所は十日町市のエネルギー政策を支える

TOPICS

日本遺産に認定 豪雪が育んだ歴史と文化の物語

2020年、十日町市の歴史的魅力や文化・伝統を語るストーリー「究極の雪国とおかまち ―真説！豪雪地ものがたり―」が日本遺産に認定された。認定ストーリーは、豪雪に育まれた「着もの・食べもの・建もの・まつり・美」を柱に、雪国の気候風土を生かした織物の歴史や、厳しい冬を生き抜くための食文化など5つのストーリーが展開される。

今後は、市内に点在する大地の芸術祭の作品と併せて、有形無形の多様な文化財を地域資源として文化観光を推進。地域の持つ歴史や育んできた文化にも一層注目が集まる。

新婚の男性を雪の中に投げ落とす行事「婿投げ」の様子

西粟倉村

NISHIAWAKURA VILLAGE

100年の森林と共に
持続可能な村の実現を目指す

「百年の森林《もり》構想」
先人たちの意志を継ぐ挑戦

岡山県の県境に位置する西粟倉村。人口約１５００人の源流域の小さな村で、持続可能性を追求した１００年間の大きな取り組みが展開されている。

西粟倉村はかねてより林業が盛んな地域だ。村の面積の約93％を占める森林のうち84％が人工林で構成されている。今から約50年前、当時の村人たちが未来世代のために、広大な山々に丁寧に苗を植えていった。それらが世代を超えて大切に受け継がれ、守り、育てられることで現在の雄大な森林資源が成り立っている。

この先人たちの想いをこれから先の世代にも受け継ぐために発足したのが、「百年の森林構想」だ。50年前から続く森林資源と意志をつなぎ、２０５８年を目標年とした１００年の森林の実現を村全体で目指している。

２００９年の事業開始から10年が過ぎ、「百年の森林構想」は第2段階となる「百森２・０」に入った。大きな柱は、森林の

西粟倉村百年の森林構想

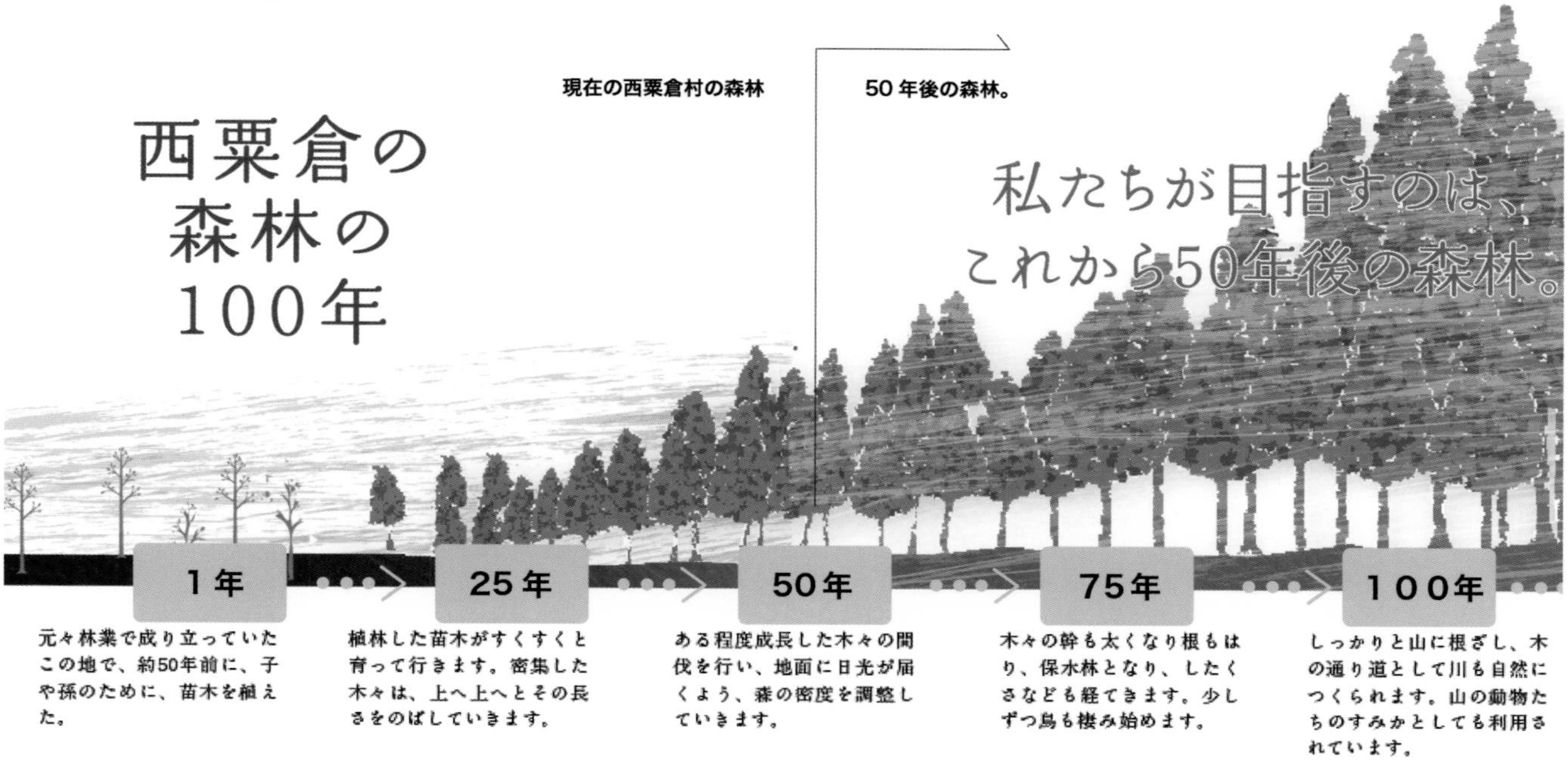

「ＲＥ ｄｅｓｉｇｎ」と「多様性および価値の最大化」だ。

村で管理している森林の中には地形の問題などで整備が行き届かない箇所もあり、このままにしていると土壌が痩せて土砂災害などのリスクが大きくなってしまう。そこで、森林経営にそぐわない山頂部や河川沿いなどを環境林化することにより、防災および河川環境の改善を目指している。また、同時に山菜や木の実などを栽培できるエリアを選定し、森林資源の多様化も進める。森林経営の最適化を行い、環境を改善し災害に強い森林をつくること。そして生態系の回復を促し、多様な資源を得ること。これらが「百森２・０」で進める森林の「ＲＥ ｄｅｓｉｇｎ」と「多様化・最大化」の内容だ。

「ＳＤＧｓ未来都市」地域の内と外の力がつながる

地域の森林資源を見つめ直し、動き始めた「百年の森林構想」。その構想を推進していく中で、２０１３年に「環境モデル都市」（内閣府）、２０１４年に「バイオマス産業都市」（農林水産省）に認定された。また２０１９年には内閣府から「ＳＤＧｓ未来都市」にも選定され、自治体ＳＤＧｓモデル事業として活動を活発化させている。

「百年の森林構想」の実現には、村の内部の力だけでなく、地域外からヒト・コトを呼び込む必要がある。村人の意識醸成も図りつつ企業など外部への理解浸透を進めるうえで、西粟倉村の未来の姿を共有することが重要だ。その役割を担っているのが国際的な共通目標ＳＤＧｓである。

「ＳＤＧｓ未来都市」であるという共通理解があることで、持続可能性に関連した情報が多く入ってくるようになった。さらにそれらの情報が人を介してつながっていき、新規事業や村人の起業など、発展的な動きが起こっている。

ＳＤＧｓという共通言語により、「百年の森林構想」のうえで人と人がつながり、西粟倉村に関心を持つ人々が増えることで、ローカルベンチャー、再生可能エネルギー、教育や福祉など、村全体の持続可能性の向上を目指している。

MESSAGE

百年の森林に囲まれた上質な田舎を目指して

Profile

西粟倉村 村長
青木 秀樹 AOKI Hideki

「先人たちの意志を受け継ぎ持続可能な村を実現したい」

西粟倉村は、江戸時代から参勤交代に利用された因幡《いなば》街道沿いにあり、すぐ近くには中国山地分水嶺があります。「平成の大合併」の際に、単独自治体として残ることを選択し、２００８年から「百年の森林構想」を掲げ、上質な田舎の実現に向けて地域再生の道を歩み出しました。

山間部に位置する少人口の村であるために、10年ほど前から過疎や災害など、さまざまな問題に直面していました。村の暮らしが続いていくことは普通に実現するわけではない。持続可能な村の実現の重要性に改めて気づき、どうすれば村を存続・発展させることができるのか考えました。

西粟倉村のような山間地域は都市から切り離され、取り残されています。木々や農作物の生産による単純な価値だけでは生き残れず、地域が持つ価値を深く掘り下げなければいけません。ただ米をつくるだけでよいのか。山の杉や檜を切り出すだけでよいのか。今までの暮らし方を見つめ直す中で、西粟倉村の土地が持つ多面的な機能を活かして生きていくことが一番合理的で持続可能だと考えるようになりました。

そうして生まれたものが「百年の森林構想」です。当時の森林は、財産価値を失い放置されつつありました。しかし、森林を植栽してきた先人たちの想いには応えたい。林業は、苗木を植えてから主伐するまでに50年、60年という長い年月が必要です。植栽した人たちにはそのとき得られるものはないですが、未来の子どもたち、孫たちのために木々の世話をしているのです。その恩恵を受けている私たちは先人たちの意志を受け継がないといけないと思い、手を付けきれずにいた森林を村が責任を持って整備し始めました。そして、搬出される間伐材に付加価値を与えて販売し、独自の経済循環をつくり出しました。

「村まるごとで未来を考え、行動する」

「百年の森林構想」を発信することで、木材を使用した家具の

Information

西粟倉村 Nishiawakura Village

〒707-0503 岡山県英田郡西粟倉村大字影石2番地　URL：http://www.vill.nishiawakura.okayama.jp/

デザイナーや、バイオマスなど自然エネルギーに関心のある方など、外部からさまざまな人々に参画してもらえるようになりました。また村の内部でも、起業や新規事業が生まれ、発展的な動きが見られるようになっています。自然の営みに寄り添いながら持続可能な生き方・働き方をしてみたいという人々の想いがつながり始めたのです。

保育園（ウッドデザイン賞2018受賞）

　西粟倉村ならではの価値を見つけ出し、地域のために何ができるのかを考えるために、「むらまるごと研究所」を立ち上げました。村にある資源や課題、データを整理し、最先端技術の研究開発を行う企業や大学をマッチングさせることで、村の外部と内部の人々が共に課題解決に向けて行動できる基盤をつくることを目指しています。

　また、村の中でＳＤＧｓの考え方の浸透や、村の持続可能性への意識醸成を目指すために、村の子どもたちへの教育活動へも力を入れています。日常のあいさつに始まり、少しでも自分が暮らしている村や自然のことを理解してもらうために、「西粟倉村ＥＳＤ（持続可能な開発のための教育）」と題し地域ならではの教育活動を進めています。子どもたちの振る舞いや率直なアイデアに大人たちが触れることで、子どもを通して村全体にＳＤＧｓの達成を目指す意識と、村の持続可能性を考えるきっかけが生み出されます。子どもも大人も自分たちが暮らしている地域に関心を持つことが、地域再生の第一歩だと考えています。

「林業の形を変え、日本のモデルケースとなる」

　「百年の森林構想」は西粟倉村のために考えて展開してきました。しかし、改めて考えてみると、林業を経済の中心として経営している地域は他にもたくさんあります。つまり林業の流通を変えることが、日本の経済の形を変えることにも結び付きます。

　その一つの成果が、２０１９年から林野庁がスタートした「森林経営管理制度」です。これは市町村が森林の所有者から管理を受託し、林業経営者の管理のもと、林業の軌道を構築していく取り組みです。私たちが「百森２・０」で実践している森林の「ＲＥｄｅｓｉｇｎ」と「多様性および価値の最大化」の考え方が土台にあってできた制度です。２０２４年には、森林環境税および森林環境贈与税が施行され、本格的に林業の形が変わろうとしています。西粟倉村のような小さな村であっても、独自の取り組みを進めることで日本全体の大きな枠組みに影響を与えることができるのだと実感しました。山間地域の地方再生のモデルケースとなることが西粟倉村の使命だと考えています。

　持続可能性を実現しようと思うと、今までの生活を見つめ直し、新たな地域づくりをしなければなりません。そのためにも村の外から新しい人や企業を呼び込み、新しい機能を生み出していく必要があります。ＳＤＧｓで重要なのは「多様性」。さまざまな価値を持った人がコラボレーションし、村全体が発展していくことが楽しみです。今後も「生きるを楽しむ」をキャッチフレーズに多様な人々にフォーカスした取り組みを進め、百年の森林に囲まれた上質な田舎の実現を目指していきます。

松山市
MATSUYAMA CITY

暮らす人、訪れる人、みんなが笑顔になる “観光未来都市まつやま”を目指して

Setouchi Island

今ある資源を活かす 松山ならではのＳＤＧｓ

　温暖な瀬戸内海式気候と、瀬戸内の島々をはじめとした多様な地域特性が特徴である松山市。観光関連産業がリーディング産業の一つであり、先人から受け継がれてきた歴史ある道後温泉、松山城や俳句、島の豊かな自然や美味しい柑橘、お接待の精神が根付く遍路文化などは、同市が世界に誇る宝だ。

　松山市には「〝たからみがき〟のまち」というまちづくり哲学がある。地域固有の資源＝「たから」を最大限に活用することが、市民が幸せを実感できるまちの実現につながる、と野志克仁市長は強調する。

　そんな松山市が目指す２０３０年のあるべき姿は、先人から受け継がれてきた数多くの宝を活かした「安全で環境にやさしい持続可能な観光未来都市まつやま」。観光都市として選ばれるまち、安全・安心で快適なまち、そして豊かな環境と共生するまちづくりを推し進める。

　実現に向けては、市長のリーダーシップのもと全部局で分野横

断的に取り組みを進めるほか、大学や企業、金融機関をはじめ、ＳＤＧｓ未来都市のさいたま市、姉妹都市協定を結ぶ世界の環境首都フライブルク市など、さまざまなステークホルダーと連携していく。

プラットフォームで柔軟な課題解決を

同市ではＳＤＧｓ達成に向けて「松山ＳＤＧｓプラットフォーム事業」を展開し、経済・環境・社会といったあらゆる側面での課題解決を進めている。経済面では、リーディング産業の一つである観光を軸として経済活性化を図る。環境面では、産業の活性化と両立を図りながら、脱炭素化による温暖化対策を推進する。社会面では、災害に強いまちづくりや、あらゆる人々が自分の価値観で活躍できる場の創出に取り組み、安全・安心で安らぎのある暮らしの実現を目指す。

これら3側面の取り組みを行うためのプラットフォームとして、「松山市ＳＤＧｓ推進協議会」を設置した。産・学・民・官・金など多分野の団体が参加して、情報交換・人的交流の場として活用する。具体的には、利害がマッチングした団体で分科会を設け、各取り組みを推進していく。また、ＳＤＧｓの取り組みを応援する個人で「松山市ＳＤＧｓサポーターズクラブ」も設立。大学生や主婦、アクティブシニアなど多彩な会員が参加している。「協議会」と「サポーターズクラブ」をＳＤＧｓ推進の両輪とすることで、地域課題に関わるすべてのステークホルダーが自分事として参画できる仕組みだ。

さらに、プラットフォームは全国に門戸を開いている。企業にとっては新しいビジネスマッチングの創出や企業ブランドの確立に活用できる。住民にとっては働きがいの確保や新たなサービスの創出、地域課題の解決や都市ブランドの構築によって、満足度やＱＯＬの向上が図られる。この仕組みにより、同市全体の持続可能性を向上させ、ＳＤＧｓを原動力とした地方創生と地域活性化を推進している。

プラットフォーム事業：松山市SDGs推進協議会

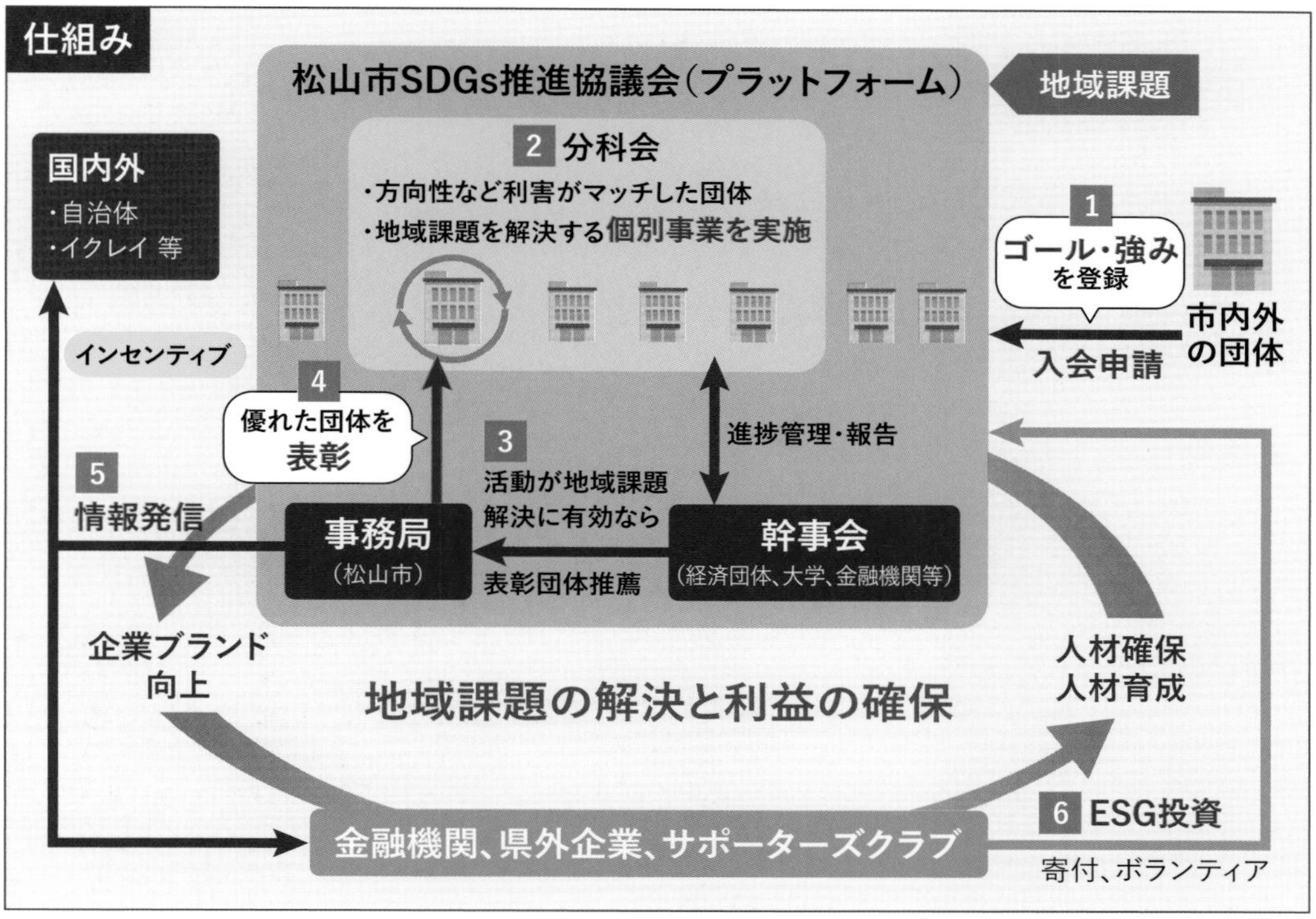

キックオフ総会であいさつする野志市長

官民連携の取り組みで持続可能なスマートアイランドを実現

スマートアイランドモデル事業

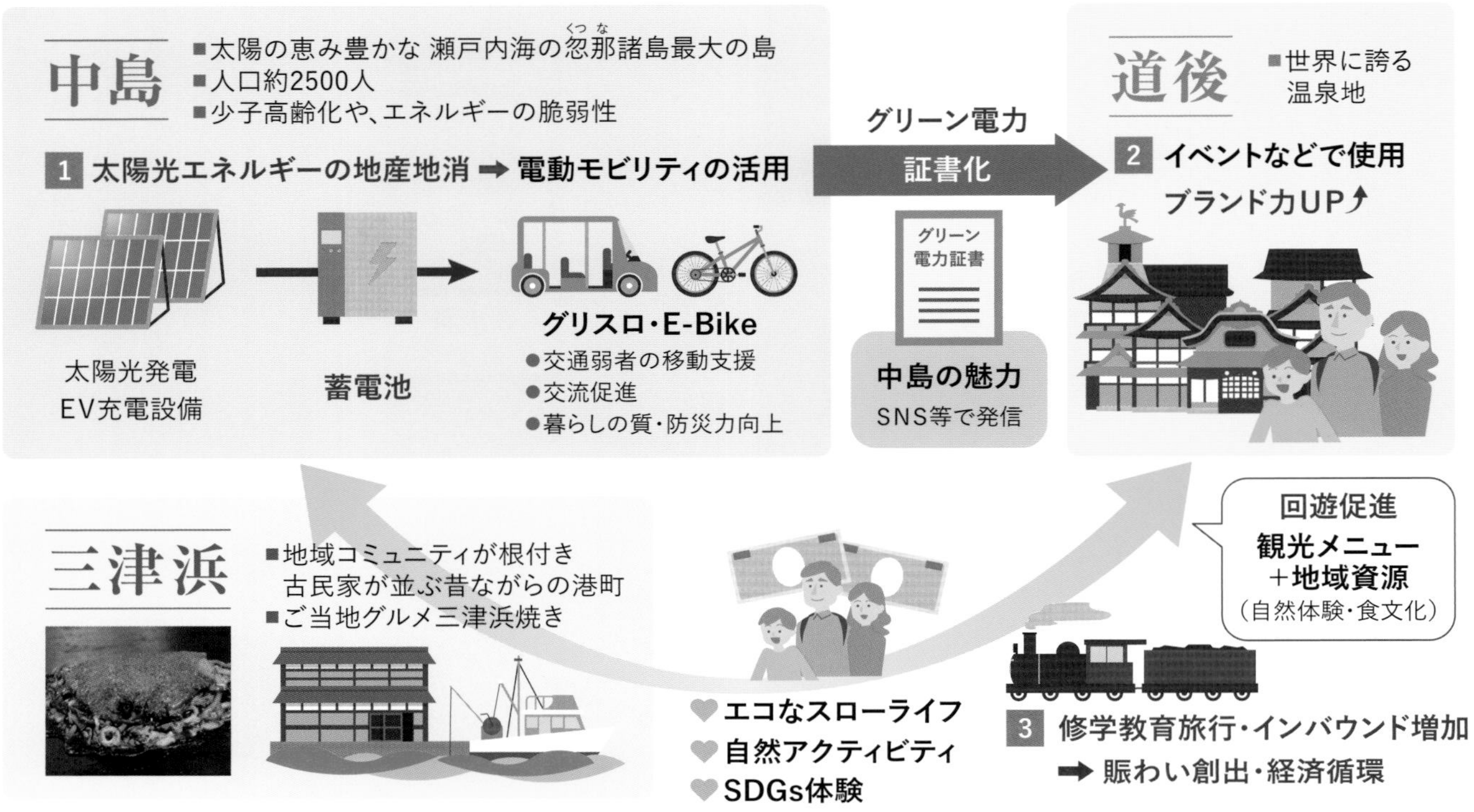

複数地域を巻き込む地域活性化の施策

ＳＤＧｓ推進協議会は、先行分科会として「スマートアイランドモデル分科会」をスタートさせた。同分科会では、「人口減少と少子高齢化」「エネルギーの脆弱性」などの地域課題がある離島（中島）を中心に地域全体の課題解決を図る。

スマートアイランドモデル事業の舞台となる中島は、贈答用の高級柑橘「紅まどんな」の生産が盛んな島で、日照時間が長く、夕陽の美しい島である。この中島でまずは、再生可能エネルギーの地産地消を目指し、太陽光エネルギーの活用や蓄電池に貯める仕組みの構築などを進める。停電時にも電気を使えるようにすることで、温室効果ガスの削減だけでなく、防災力の強化にもつなげる。また、再生可能エネルギーを使った「グリーンスローモビリティ」を島内の事業者などへ貸し出し、高齢者の足として利用するほか、宿泊施設「ほしふるテラス姫ケ浜」を拠点に来島者の島内散策に活用する。

そして、太陽光発電でつくった「環境価値」を「グリーン電力証書」という形に換え、有名な観光地である道後温泉等で活用し、道後のさらなるブランド力向上と自然豊かな離島の魅力発信を同時に行う。また、道後温泉や松山城など市内観光地と離島、両者をつなぐ港町の三津浜など、それぞれの魅力を市内回遊を促す観光メニューにリンクさせることで、観光客数と滞在時間を増加させ、相乗効果で各地域の賑わい創出と経済循環を促進する。

誰一人取り残さないまちづくり

同市では「道後温泉・松山城など世界に誇る観光資源」「太陽の恵み豊かな自然環境」「お接待の精神が宿る地域コミュニティ」「多様な主体が活躍できる文化的土壌」など、脈々と受け継がれてきた地域資源を活かした取り組みを行っている。それらの取り組みは経済・社会・環境の多岐にわたるが、松山市は「プラットフォーム事業」によって3側面をつなぎ、推進協議会を軸として、全員参加で「安全で環境にやさしい持続可能な観光未来都市まつやま」を目指していく。

Information

松山市 Matsuyama City
〒790-8571 愛媛県松山市二番町四丁目7-2　URL：https://www.city.matsuyama.ehime.jp/

中島 豊かな自然に囲まれるスローライフ

スマートアイランドモデル事業の中心となる「中島」は、「みかんの島」として知られる、人口およそ2500人の島だ。温暖な気候と災害の少なさという自然の恵みに守られながら、島民の絶え間ない努力によって、独自の自然・文化・食など多様な資源を今に伝えている。夏は透き通った海で海水浴とBBQを楽しめ、秋は段々畑にみかんが色づき、都会では見られない満天の星空を眺めることができる。畑で野菜を育て、採れたての新鮮な魚介類と共に食卓に並べる。そんな自然豊かな中島で過ごすスローライフに憧れ、近年では移住者も増えてきている。

松山市の島しょ部では、交流人口の拡大や移住・定住の促進を図るため、島民自らが企画し、ありのままの島の自然や文化を体験する「里島ツーリズム」の推進や、お試し移住が可能な施設「ハイムインゼルごごしま」等の整備・管理運営、空き家バンクの運営のほか、島しょ部の独身者に島外の方との出会いの機会を提供する取り組みなどさまざまな事業を展開している。

また、2020年7月には、宿泊施設「姫ケ浜荘」が「ほしふるテラス姫ケ浜」としてリニューアルオープンした。従来の夏の海水浴、全国でも屈指の開催回数を誇るトライアスロン中島大会や修学旅行の体験学習のほか、夏期に限らない新たな利用も促進し、交流の拠点として、交流・関係人口の拡大を図っていく。

中島の海

中島姫ケ浜ビーチの星空

三津浜 リノベーション古民家など、SNS映えするまち並み

三津浜エリアの
プロモーション動画 ▶▶

観光地の道後と中島とをつなぐ三津浜は、瀬戸内海に面した風情が残る港町。夏には四国最大級の花火大会が開催され、数多くの屋台が並び、多くの人で賑わう。その一方で、空き家の増加が問題となっている。近年ではこれをビジネスチャンスと捉え、古民家をリノベーションする動きが民間から出てきた。飲食店や雑貨店など新しくビジネスを始める人が多く、三津浜の風情あるまち並みと新しさがうまくミックスされ、目を惹くものとなっている。松山市は、女子旅で人気の観光地「道後」を訪れた人が、「三津浜」にも訪れたくなるようなプロモーション動画を制作。観光客がその魅力を体感し、SNS等で発信してもらうことで、三津浜地域の活性化にもつながる、という内容だ。

空き家をリノベーションした旧濱田医院

道後温泉 長い歴史の中でも貴重な「再生」のとき

約3000年の歴史を誇る道後温泉のシンボル・道後温泉本館は、2024年12月末まで営業しながらの保存修理工事を行っている(※工事期間中も入浴可能)。道後温泉本館を包む工事用仮設物(素屋根)を活用したラッピングアートや工事見学会など、工事期間中ならではの観光コンテンツの創出に取り組んでいる。

また、温泉という地域資源にアートを取り入れたまちづくりを推進すると共に、2017年にオープンした「道後温泉別館 飛鳥乃湯泉」は、愛媛の伝統工芸を活かした装飾で、新たな温泉文化を発信している。産官学が連携し、地域資源を磨き上げ、回遊性を向上させることで、さらなる賑わいの創出と、持続可能なまちづくりを進めている。

道後温泉本館

岩手町《いわてまち》
IWATE TOWN

岩手町に携わる誰もが“アーティスト”
次世代へつながる山間部のモデルケースに

人口減少と向き合いながらも「潤いのある」まちづくりを推進

冬はしんしんと降り積もった雪で白く覆われ、春になると緑豊かな大地が一面に広がる岩手町。この町が直面しているのは、人口減少と高齢化の進行だ。特に若い世代の流出が深刻で、２０４０年には現在の人口の約半分にまで減少するという推計も出ている。岩手町はこの現状を踏まえ、人口規模に合った持続可能なまちづくりを実現するため、３つのボトムライン（基本方針）を設定している。それが、①国内外の人々から移住先・投資先として選ばれるようなブランド価値の訴求、②町民はもちろん町外の方も岩手町に関わっていることを誇りに思えるシビックプライドの醸成、③海外との連携を見据えたＳＤＧｓ姉妹都市構想の推進、である。岩手町は掲げた方針に基づき、世界とつながるためにまちの特色をＳＤＧｓの視点から磨き上げ、国際競争力のある「３つのカルチャー・アート」を地域内外の人々と共創しようとしている。

岩手町が描く 持続可能な山間部のロールモデル

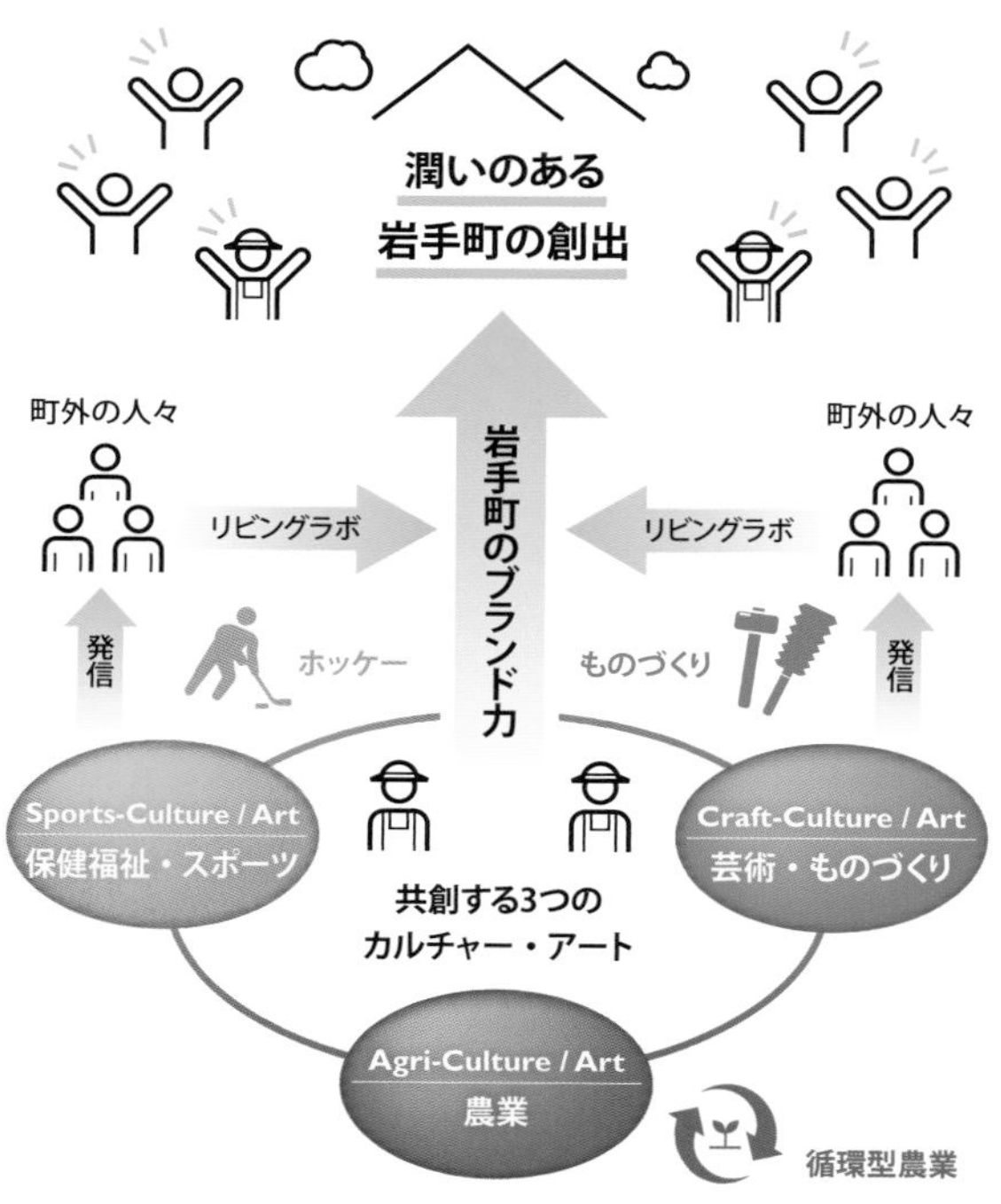

トリプルボトムラインの概念図

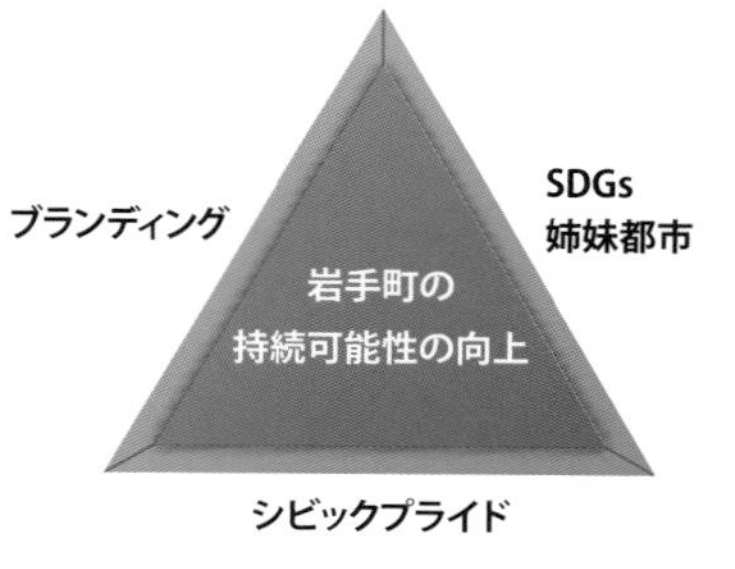

全国でもまれな耕畜連携の循環型・環境保全型農業

その１つ目がまちの基幹産業である農業だ。粗生産額１３５億円を誇り、キャベツの生産・出荷は東北一。多品目における野菜生産基盤を確立しているだけではなく、大規模な畜産も行われている。中でも注目されているのが「耕畜連携による循環型・環境保全型農業」だ。

岩手町では、園芸作物を生産する耕種農家と畜産農家が連携し、有機質肥料として堆肥を地域内で循環させている。畜産

Information

岩手町 Iwate Town

〒028-4395 岩手県岩手郡岩手町大字五日市10-44　URL：http://town.iwate.iwate.jp/

農家から供給される牛糞などを用いる一方で、飼料専用のコメや野菜を耕種農家が提供。化学肥料を極力使わないサステイナブルな手法で育てられた野菜は本来の味が引き出されている。

また、「スマート農業」で自動操舵補助システムを活用するなど、テクノロジー導入を進めている生産者もいる。

「誰一人取り残さない」姿勢がまち全体に浸透

SDGs未来都市構想を推進する岩手町では、「スポーツ」もまちの特色として位置づけた。1970年に開催された岩手国体をきっかけに、まちを代表するスポーツとなったホッケーは、50年を経た現在も小学生から高齢者まで幅広い世代に愛されている。さらに国際基準のホッケー会場を整備し、東京オリンピック・パラリンピックではアイルランド女子ホッケーチームのホストタウンに登録されており、世界とつながる架け橋にもなっているのだ。

また健康の維持・増進という面では、「岩手町方式」による検診体制を独自に構築し、高い検診率を誇っている。地域から選ばれた保健推進員が健康診断の受診における課題をワークショップ形式で検討。医師と意見交換することで検診の重要性を理解し、地域に向けた周知活動も積極的に行った。町民たちの「誰一人取り残さない」姿勢が、まち全体に浸透している。

世界各国の芸術家によるアート作品の数々

農業、スポーツに続く3つ目の特色となるのが「芸術・ものづくり」だ。「岩手町国際石彫シンポジウム」を通じて、各国の芸術家が手掛けた130点以上の石彫作品がまちに点在。1993年には石神の丘美術館も開館し、多彩なアートを存分に満喫することができる。自然だけではなく、文化的側面の充実がまちの魅力増大につながり、観光客の増加も見込めるだろう。今後も芸術・ものづくりというファクターは、まちの持続可能性を高めるうえで大きな役割を担うと言える。

〝アーティスト〟たちと誇れる地域づくり

人口減少の中でも、明確なビジョンに基づいて、豊かなまちづくりを推進する岩手町。新型コロナウイルス感染症をはじめとした社会環境の変化と向き合い、多様な生き方に対応できる人材の育成に力を注ぎながら、そのまちの魅力を広く発信していく。人口規模が小さい岩手町だからこそ、SDGs未来都市としてロールモデルになることが期待される。「岩手町に生まれてよかった」「岩手町に関われてよかった」。カルチャー・アートを創出する岩手町のすべての〝アーティスト〟とこれからも岩手町は未来に向けた挑戦を重ね続ける。

リビングラボ開催でSDGs人材を育成

岩手町では経済・社会・環境の分野にまたがり課題を解決する「SDGs未来塾」「SDGs起業塾」といったオープン・イノベーションによる場づくりを進めている。町役場の職員、一般町民、美術館の学芸員や専門家、都市部の企業関係者など外部からの参加者も積極的に募り、ワークショップ形式で「農業と福祉の連携」について議論する予定。地域の歴史や、豊かな自然を背景にした知恵と先進的な思考を掛け合わせることで、岩手町の経済・社会・環境の価値を向上させていく。

起業塾の様子

Think MIRAI
小田原から未来を考える

住む人、訪れる人と共に歩む行政
「人の力」が次世代の未来をつくる

電気自動車が走る未来のまち

最近、小田原市でよく目にする「ｅｅｍｏ（イーモ）」のロゴマーク。２０２０年６月に小田原市で始まったＥＶ（電気自動車）カーシェアリングのサービス名だ。温室効果ガスの排出量削減に向けて、世界各国でＥＶのシェアは拡大しつつある。また、維持費の掛からないカーシェアリングは、たまに出かけるときだけ使いたいという人からの需要が高まっている。さらに移動手段として自動車を用いること自体が、コロナ禍の「新しい生活様式」におけるソーシャルディスタンスの確保などに役立てられる。

小田原市は森里川海などの自然環境と、文化や技術、そして「人の力」の豊かなまちである。二宮金次郎像で有名な二宮尊徳の出身地でもあり、歴史的に「人の力」で課題を解決し、全国に名を馳せる先駆者を多く輩出してきた。ＥＶカーシェアリングも、「人の力」によって新しい取り組みを成し遂げた事例の一つだ。ＥＶの動力となるエネルギーは地元の電力会社「湘南電力㈱」が供給し、カーシェアリングのサービスは地元に本社を置く「㈱ＲＥＸＥＶ」が行っている。環境にやさしいだけでなく、「エネルギーの地産地消」と市民生活の利便化、そしてビジネスとして運用することにより地域経済も回せるという、画期的な取り組みである。

３・11で変わった人々の意識が民間主体の活動の背景に

さまざまな立場の人との連携が実現できた経緯には、小田原市の未来を真剣に考える行政や民間企業の熱い思いが影響している。「行政の力だけで押し進めても、本当の意味で持続可能な社会はつくれない」――そう考えた市が民間企業等に働きかけたところ、ＳＤＧｓの普及啓発活動を展開する民間主体の組織「おだわらＳＤＧｓ実行委員会」が発足。また、考えに賛同した92もの団体が「おだわらＳＤＧｓパートナー」に名を連ねており、民間へのＳＤＧｓの広がりや協力体制がうかがえる。ＥＶカーシェアリングは、市の示す方針やサポートと民間企業の技術や行動力によって生まれた官民連携の成果の一つであり、事業としての先進性からメディアにも多く取り上げられている。

その背景には、東日本大震災に起因する計画停電等によって市民生活や地域経済が大きな打撃を受けた経験がある。小田原市の商店街は食や観光目的の訪問客でいつも賑わっていたが、計画停電により休業を余儀なくされた。おだわらＳＤＧｓ実行委員会の会長を務める湘南電力㈱の代表取締役社長・原正樹氏は、まさに火が消えたようなまちの様子を見て、他地域に頼るエネルギー供給システムの脆弱性を痛感したという。そこからエネルギーに限らず「いのちを守り育てる」――生活に必要なものを地産地消する動きが加速したのだ。

EVカーシェアリングサービス「eemo」

Information

小田原市 Odawara City

〒250-8555 神奈川県小田原市荻窪300番地　URL：https://www.city.odawara.kanagawa.jp/

おだわらの「いのちを守り育てる地域自給圏」創造の図

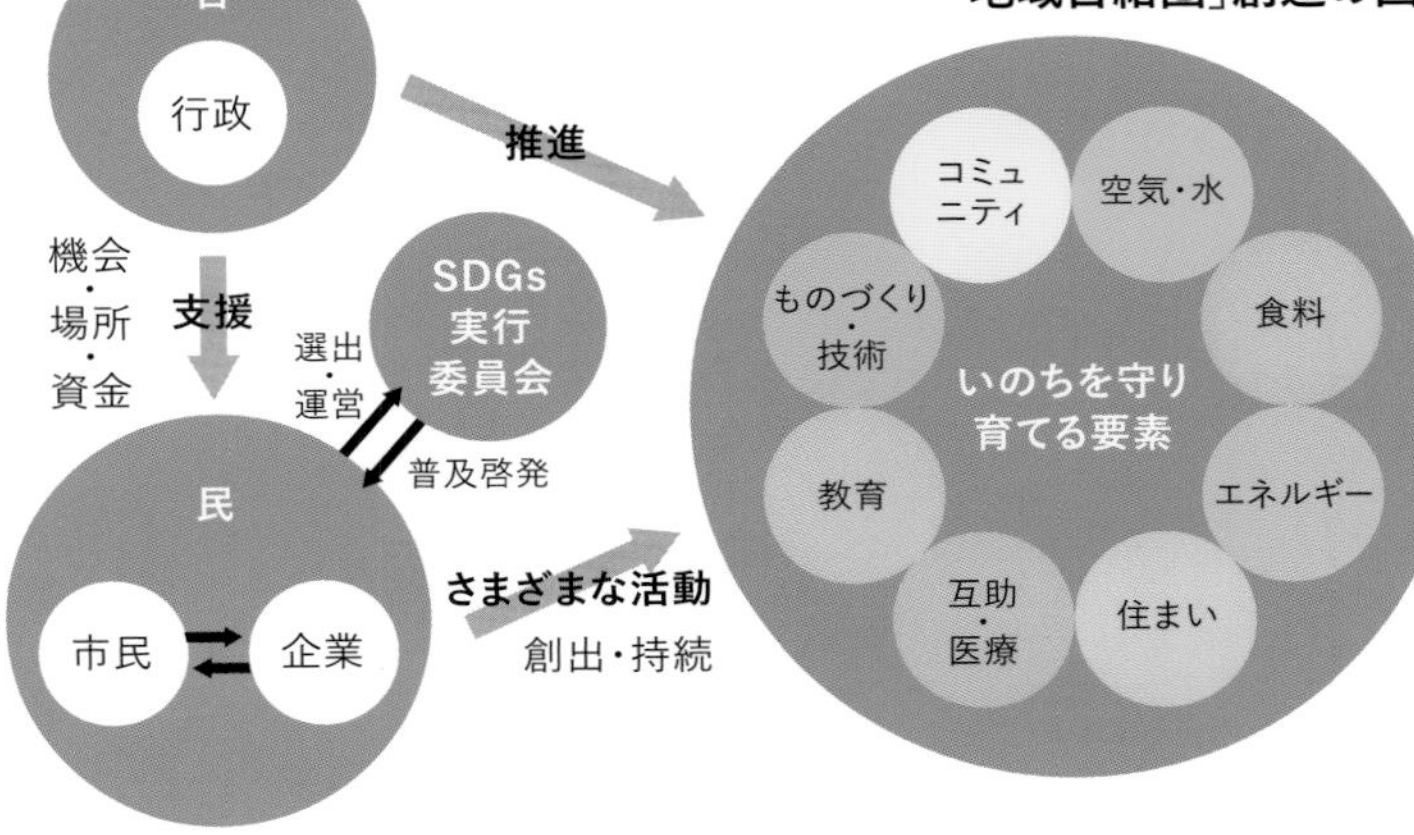

「いつもの景色」を守るために次世代との関わりを重視

　小田原市では豊かな自然の風景や歴史あるまち並みが実に身近に存在する。その裏には必ず管理する「人の手」がある。変わらない「いつもの景色」があるのは、「人の手」が脈々と受け継がれてきた証である。そのことを未来を担う若者や子どもたちに知ってもらうため、市や実行委員会は次世代との関わりを重んじ、さまざまな機会や場所を与え、時には資金援助を行っている。

　機会創出の場として、2019年には高校生の企業見学を行った。せりざわたけし工務店では高校生がかんながけを体験。棟梁・芹澤毅さんは、小田原城天守閣の「平成の大改修」をはじめ、多くの社寺・数寄屋工事などを手がける宮大工だ。千年以上前の木造建築も、腐った箇所を切り新しい木材でつなぎ合わせて現代に持続させてきた。ヒノキ、スギなど地域の木材をできるだけ使い、山林の有効活用にも心を配っている。先人たちの伝えてきた技や軸となる考えを大切にし、環境の変化を受け入れながら技術を進化させていくことで次の世代へつなげる姿勢は、SDGsの目指すところそのものと言えよう。高校生たちはかんながけに苦戦しながらも、地元で育った木がどのように使われていくのか、その歴史と未来に思いを馳せた。

　ほかにも、草の根的活動がたくさん行われている。例えば、20代から60代の一般市民6名が結成した「プラごみゼロチームおだわら」は、毎月1回海岸や河原のプラごみ拾いを行っている。小田原の豊かな海や川をプラスチックごみから守り、次の世代につなぎたいという思いを共有するボランティアチームである。年代にかかわらず一人ひとりが小田原市の「いつもの景色」を守るために考え、行動しているのだ。

せりざわたけし工務店での企業見学の様子

　このように民間によるたくさんの活動と、行政による全力のバックアップが、小田原市の提唱する「いのちを守り育てる地域自給圏」の創造に寄与し、官民連携による持続可能な地域社会の実現につながっている。

次世代の「人の力」が未来をつくる

　SDGs未来都市および自治体SDGsモデル事業に採択された自治体として国に実績を報告すると、「いろいろと取り組みがある中プライオリティを」と言われるほど、小田原市の活動内容は多岐にわたる。実際にはSDGs推進が始まる前からの取り組みと同じものもある。しかし行政が明確な目標を打ち出し共通認識とすることで、市民一人ひとりの意識を高め、今までと同じ活動も新たな展開を見せるのだ。また、取り組みが盛んに行われる様子を見て、世の中の動きに敏感な若者や企業が市に流入し、小田原市の未来をつくり上げていく。SDGs達成に向けた取り組みやそれを後押しする土壌が、市民への啓蒙と環境への配慮、そしてビジネスとしての成果につながっている。小田原市の今後のさらなる発展に期待したい。

岡崎市
OKAZAKI CITY

公民連携で「一歩先の暮らし」を実現し市内外から愛されるまちへ

西三河の暮らしを支える岡崎市

愛知県中央に位置する「西三河地方」は、豊田市を中心に自動車関連産業の世界的な拠点として栄える。その西三河の中央に位置する岡崎市は、約38万人が暮らす中枢中核都市※。主要幹線道路やJR・私鉄の主要駅が多く、周辺地域へのアクセスがよいことや、周辺市町村に比べ小売業が盛んで生活利便性が高いことから、暮らしのまちとして人々から選ばれている。

花火の発祥地でもある岡崎市。近年はデジタル技術との融合により伝統文化の近代化を図っている

同市企画課の鈴木昌幸さんは、市の魅力を次のように語る。

「暮らしのまちとして便利さに事欠かない岡崎市ですが、市域の3分の2は山間部です。その豊かな自然の恩恵を受けながら、観光やレジャーも楽しむことができます。商業施設や交通が充実した便利な中心市街地の他に、自然と触れ合える環境もある、多様な顔を持つまちなんです」

公民連携による持続可能なまちづくりを目指して

徳川家康公生誕の地でもあり歴史ある岡崎市。古くは鎌倉時代の直轄領や門前町、徳川時代の城下町や宿場町、近現代は行政拠点、経済・商業・金融の中心地として栄えてきた。時代のニーズや変化に柔軟に対応しながら、およそ８００年にわたって広域拠点を担ってきたまちである。そして、その変化への対応は、さまざまな立場の人々が互いに手を取り合い、協力することで成し得たものだった。

現在岡崎市は、「一歩先の暮らし」を実現する持続可能なまちづくりを目指している。社会構造が複雑化した現代においては、経済・社会・環境の3側面における統合的な課題解決を目指すSDGsの考え方が主流となりつつあるからだ。

同市では、この時代の変化に対しても、立場を超えた協力関係を築くことで対応しようとしている。「SDGs公民連携相互提案制度（プラットフォーム）」の構築である。先進的で良質な行政サービスの提供を目的に立案されたもので、市が提示した課題に対し、民間事業者らが解決策や新規事業を提案。多様な担い手と連携して「一歩先の暮らし」の実現に取り組む。２０２１年度から本格的に始動予定だ。

「今ある岡崎市のよいところを引き継ぎながら、新たな魅力を発見・発信し、市内外から愛されるまちへと進化していきたい。そのためには、多様なステークホルダーとの連携が不可欠です。民間事業者などの皆様には、私たちが構築するこのプラットフォームに積極的に参加していただきたいと思っています」

800本の桜が咲き競う岡崎城周辺。岡崎さくら祭りには毎年市内外から60万人以上が訪れる

※ 活力ある地域社会を維持するための中心・拠点となる都市。東京圏への人口流出抑止を図るために、内閣府によって82市が選定されている（2020年12月現在）。

Information

岡崎市 Okazaki City

〒444-8601 愛知県岡崎市十王町2-9　URL：https://www.city.okazaki.lg.jp/

PICK UP ① みんなのおうち連尺

市中心部にある託児所とコワーキングスペースが一体となった子育て支援施設。子育て世代が働きやすい環境づくりに取り組む。民間企業が主体となり、市と連携して、ワークスペース、習い事への送迎や託児等、子育て支援サービスの実証実験中。みんなのおうち連尺を起点に公民連携の輪が拡大している。

PICK UP ② 地域商社（設立予定）

市が抱える豊かな森林資源を有効活用するために、林業の第6次産業化を担う地域商社の設立を推進。民間企業の発信力や専門性を活かし、山間部の魅力創出に挑戦する。また、過疎化が進む山間部の活性化を図る。

PICK UP ③ 岡崎城（民間と連携したイベント）

市のシンボル、岡崎城。主要駅近くの好立地を活かし、岡崎城周辺では民間事業者等と連携した花火大会やラリーイベントなどが次々と開催されている。

イベント等の動画はこちら

PICK UP ④ 未来へつむぐ岡崎の水プロジェクト

市の中心部を流れる乙川は、市民に憩いの場を提供する一方、岡崎市の水道水の主要水源となっている。その上流部における水源涵養機能の維持・向上等のために公民が連携して取り組むプロジェクト。水道事業に関連する12の企業・団体と連携している。

亀岡市

かめおか霧の芸術祭×《かける》X《エックス》
～持続可能性を生み出すイノベーションハブ～

サステイナブルを具現化する新たなまちの拠点

1万人に1回ではなく、100人に100回来てもらいたい――。

亀岡市の「かめおか霧の芸術祭」は、1回限りのイベントではなく、持続的なプロジェクトとして通年で展開している取り組みだ。さまざまな形のアートを通じて、地域の魅力発見や、地域の活性化につなげている。陶芸家や画家はもとより、〝生命《いのち》を輝かせるあらゆる技術を持つ人〟を芸術家として捉え、より多くの人へ裾野を広げているのが特徴的だ。かめおか霧の芸術祭をハブとする取り組みが、内閣府が選定する2020年度SDGs未来都市および、その中から特に先導的な取り組みとされる自治体SDGsモデル事業の一つに選定された。

KIRI CAFE 外観

プロジェクトは、2017年に拠点づくりから始まった。亀岡にゆかりのあるアーティストや、京都芸術大学の学生と共に古民家を改修し、カフェをオープン。「KIRI CAFE」と名付けられ、気軽に立ち寄ることができる地域の人々の交流の場として、活躍している。

KIRI CAFE 内観

「かめおか霧の芸術祭」をハブに循環型の地域社会を生み出す

芸術祭では、地域課題の解決へ向け、経済・社会・環境の3側面から取り組みを展開している。

まず、「経済」の側面だ。亀岡に消費や投資を呼び込み、持続可能な経済成長の促進を目的とする。例えば、廃棄予定の生地をエコバッグに生まれ変わらせる亀岡発のアップサイクル製品の生産を支援している（左掲「KAMEOKA FLY BAG Project」参照）。また、期間限定の企画出店を募集し、意欲のある若手事業者を育成する「まちなかプロジェクト」などを実施。亀岡ならではのコト（体験）とモノ（地場産品）を市内外に販売することで、独自のマーケットや導線を創出する。

次に「社会」の側面では、農業や自然と共に暮らす都市づくりを目指す。職人、料理人、農家など、さまざまな技術（アート）を持つ講師を招き開催するワークショップ「KIRI^{2}芸術大学」。地域固有の体験を通じて、亀岡市の土地や人の知恵を共有する。また、アーティストが制作した移動式屋台「やおやおや」で亀岡産野菜を販売。農家と消費者との交流の場を提供し、農業の新たな魅力・発信を手掛けている。

最後に「環境」の側面では、ごみを極力出さない社会づくりを進める。環境先進都市を目指す亀岡市は、「かめおかプラスチックごみゼロ宣言」を発出した。2021年からは、市内でプラスチック製レジ袋の提供を全面禁止。さらに、市民一人ひとりが「プラごみゼロ」を意識できるよう参加型プ

Information

亀岡市 Kameoka City

〒621-8501 京都府亀岡市安町野々神8番地　URL：https://www.city.kameoka.kyoto.jp/

ログラムを実施した。著名デザイナーも迎えて制作したロゴマークを活用し、環境施策のビジョンを可視化する取り組みを進める。

こうした3つの側面の相乗効果を生むことで、地域循環型のコミュニティ形成につなげていく。

持続的な地方創生の実現を目指して

芸術祭を中心とした、亀岡市におけるＳＤＧｓの各種取り組みの結節点として「開かれたアトリエ」の整備も進めている。「開かれたアトリエ」は、コワーキングスペースやカフェなどの滞在機能や情報発信機能を有する交流拠点だ。アーティスト・事業者・農家・市民など分野横断的にさまざまな人が集い、知の共有が行われ、イノベーションを創発する拠点として構想された。２０２１年４月からの運用を目指している。

亀岡市では今後も、芸術祭をハブに市政のさまざまな分野でＳＤＧｓの達成を目指す。「持続可能な地方創生」のモデル事業として、アーティストの感性を活かしながら、地域課題の解決や魅力あるまちづくりを推進していく。

かめおか霧の芸術祭の取り組み事例

1 経済：亀岡ならではの地場産品や体験で地域を活性化

KAMEOKA FLY BAG Project

環境意識の向上を目指して始動したプロジェクト。廃棄予定のパラグライダー生地を用いて、エコバッグを制作する。2019年10月、巨大エコバッグのオブジェから好きな部分を切り取って、オリジナルバッグをつくる体験講座を開催した。このプロジェクトを機に、亀岡発のアップサイクル製品が誕生するなど、地域雇用を生む取り組みとして事業者の支援を担う。

KIRIマルシェ

アートを通じて多様な体験ができるマルシェ。芸術祭の拠点であるKIRI CAFEを中心に定期的に開催している。地産地消を促すと共に、事業者間でのネットワーク形成を支援。試験販売の場としても積極的に提供するなど、地域事業の活性化を目指している。2020年は新型コロナに配慮し、移動販売カーで巡る"会いにくる芸術祭"をメインに開催した。

2 社会：農業や自然と共に暮らす都市づくり

やおやおや

農家と建築家が共同で立ち上げた移動式屋台「やおやおや」。市内の直売所などで、野菜や料理の販売を行っている。屋台に立つのはこだわりを持って野菜を育てる農家自身。消費者と直接コミュニケーションをとるのが狙いだ。「やおやおや」は、未来の食文化や農業の在り方を考えると共に、多面的な角度から農業の魅力を発掘する場として活用される。

KIRI²芸術大学

亀岡にゆかりのあるさまざまな分野のアーティストを講師に迎え、毎週末にワークショップを開催。市内を散歩しながら風景を撮影したり、染色、木工、陶芸などの作品づくりができたりする。さらに、そばの種まきからそば打ちまでを学ぶ講座や、自然を全身で感じるヨガ講座なども実施。地域固有の体験で、亀岡市の土地や人の知恵を共有する。

3 環境：ごみを極力出さない社会を目指して

プラごみゼロ施策の発信

近年、地球規模で海洋汚染が問題視されている。亀岡市でも、保津川をはじめとする自然景観や、川の生態系への影響が危惧されたことから、2012年、内陸部の自治体で初めて「海ごみサミット」を開催。2018年には「かめおかプラスチックごみゼロ宣言」を発出した。また、かめおか霧の芸術祭と連携し、アートを通じた市民一人ひとりに伝わるプラごみゼロ施策の発信にも取り組んでいる。

▶ロゴマーク制作による啓蒙

市民参加型の体験講座で「プラごみゼロ宣言」の理念を発信するロゴマークを作成。環境先進都市かめおかのシンボルとして、街中に掲示している。

▶シンポジウムの開催

「持続可能性」をキーワードに、環境施策の価値を伝えるシンポジウムを開催。芸術祭を通じたこれからの亀岡市の未来について熱い議論が繰り広げられる。

KIRI かめおか霧の芸術祭 Kameoka KIRI Art Cultivation

かめおか霧の芸術祭の詳細はホームページをご覧ください。
https://kameoka-kiri.jp/

東洋経済新報社 × WAVE・SDGs研究室 共同調査

SDGsに関する
意識調査

２０２０年、株式会社東洋経済新報社と株式会社ＷＡＶＥ（ＷＡＶＥ・ＳＤＧｓ研究室）は共同で、全国の生活者を対象にＳＤＧｓに関する意識調査を実施した。有効回答数は１０３６件。調査項目はＳＤＧｓの認知率や関心度、ＳＤＧｓに積極的な自治体や学校、企業に対する評価、当人がＳＤＧｓに取り組むうえでの課題など。ここではその一部を紹介する。

ＳＤＧｓの認知率は34・5％。ＳＤＧｓの内容まで理解している層は16・7％

全体でのＳＤＧｓの認知率（「内容を認知している」と「名称を知っている」の合計）は34・5％と３分の１を超えた。「ＳＤＧｓの認知状況［図１］」を見ると、「公務員」（57・9％）、「大学生」（45・0％）、「中・高校生」（44・9％）が上位にランクイン。公務員は２０１５年に「持続可能な開発目標（ＳＤＧｓ）推進本部」が内閣に設置されたことや「ＳＤＧｓ未来都市」をはじめ実務上での強い関わりが認知率の高さの要因と考えられる。「中・高校生」「大学生」における認知率の高さは、教育現場でのＳＤＧｓ教育の成果が感じられる。特に「中・高校生」はＳＤＧｓの内容理解率が最も高い。ＳＤＧｓのゴールである２０３０年には、ＳＤＧｓを理解した子どもたちが成長し、社会で活躍していることを期待したい。

ＳＤＧｓに関心ありと回答したのは全体で60・0％。特に若年層の関心が高い

ＳＤＧｓへの関心あり層（「関心がある」と「やや関心がある」の合計）は全体で60・0％とほとんどの職業で半数を超えた。「ＳＤＧｓへの関心度［図２］」を見ると、「大学生」「中・高校生」「専業主婦（夫）」が高く、特に「大学生」「中・高校生」は関心あり層が７割を超えた。中でも興味深いのは３番目に高い「専業主婦（夫）」だ。認知率は20・6％にとどまったが関心度は63・5％と高く、この層への認知拡大に向けたアプローチがＳＤＧｓの目標達成につながっていくだろう。

1 SDGsの認知状況［図1］

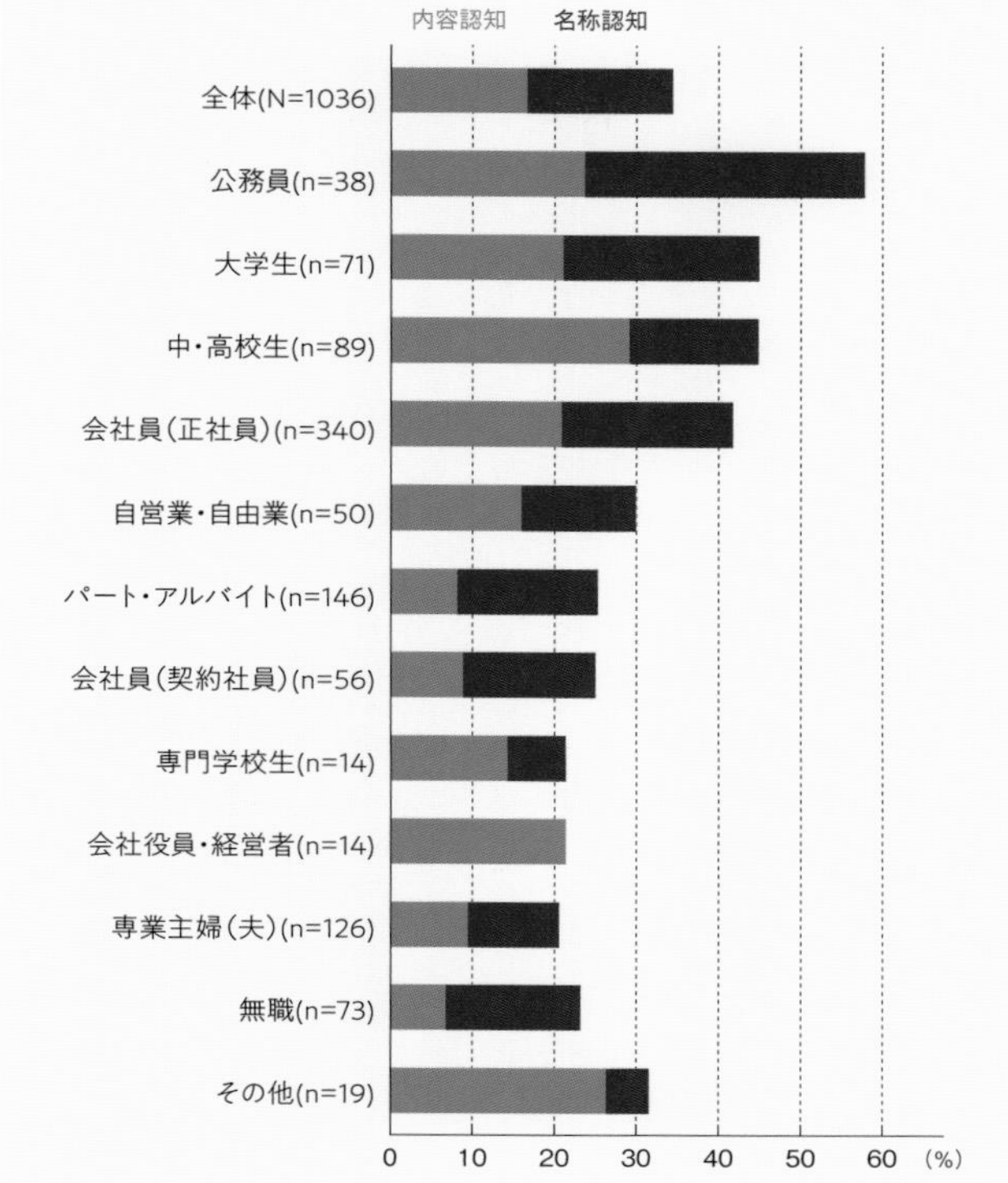

2 SDGsへの関心度［図2］

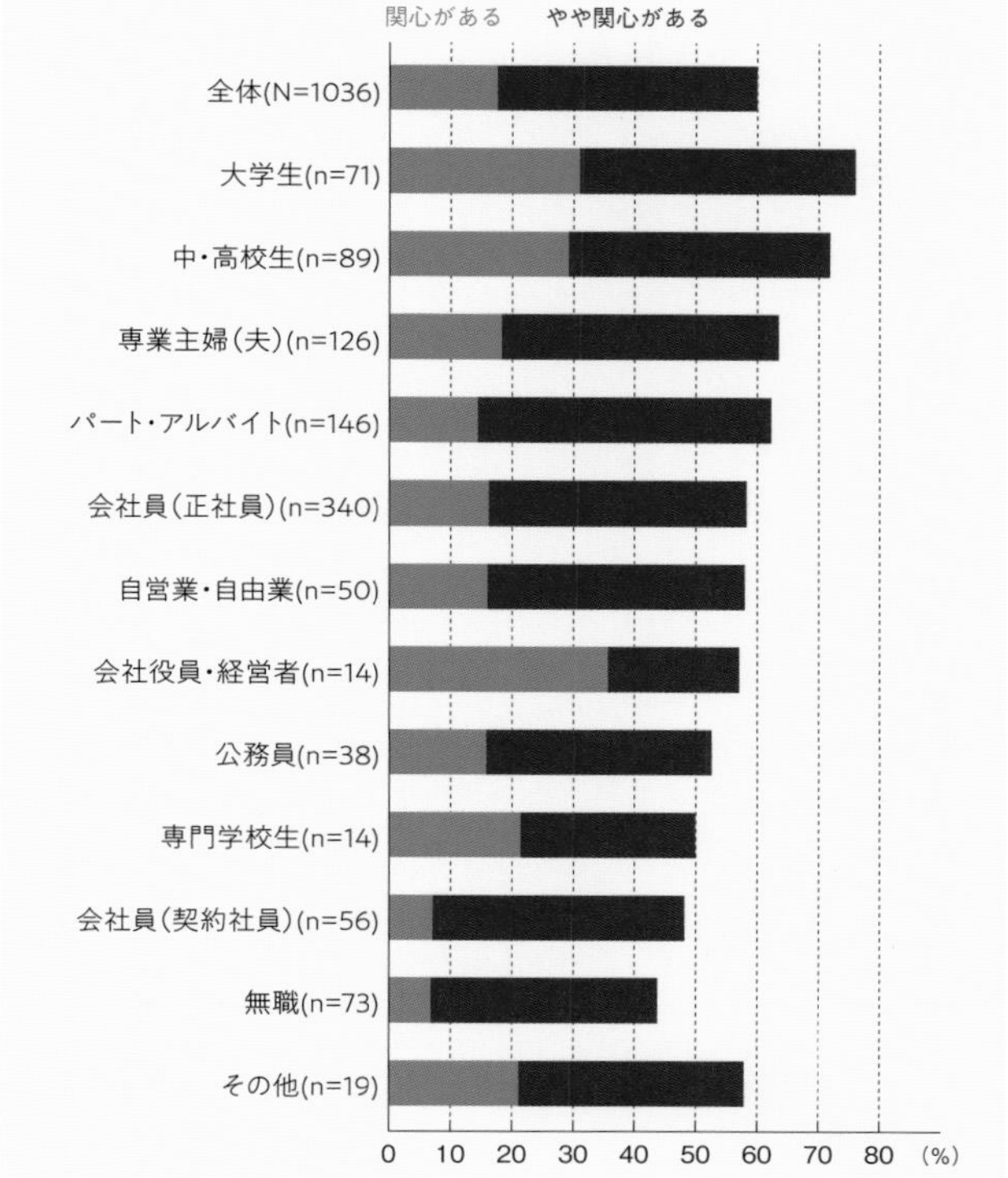

3 企業・NPO・自治体・大学・小中高等学校のSDGs活動の認知状況［図3］

組織・団体	認知率
NPO・NGO	32.6%
企業	28.4%
自治体	26.4%
大学	21.7%
小・中・高等学校	14.3%

4 企業・NPO・自治体・大学・小中高等学校の利用意向［図4］

組織・団体	利用・支援などをしたい	どちらかといえば利用・支援などをしたい
企業	12.4%	63.7%
大学	15.0%	62.6%
小中高	15.2%	62.1%
NPO・NGO	12.1%	60.2%
自治体	10.8%	58.9%

自治体の活動の認知率は26・4%。情報の積極的な発信が課題

さまざまな組織・団体のSDGs活動の認知状況を調査したところ［図3］の通り、NPO・NGOが高くなった。各自治体はそれぞれの直面する課題と照らし合わせながら、SDGsに取り組んでいるが、その活動自体は一般にはあまり認知されていない。取り組みを積極的に発信し、認知度を高めることで企業や教育機関とのコラボレーション等、活動の幅を広げることも可能だろう。

SDGsへの取り組みは自治体も含めて生活者の選好に影響

SDGsに積極的に取り組んでいる組織・団体のサービス利用や支援をしたいかどうかについて、「利用・支援などをしたい」と「どちらかといえば利用・支援などをしたい」を合わせると、すべての層で半数以上が「したい」、「どちらかといえばしたい」と回答した［図4］。

SDGsに積極的に取り組む自治体で「住みたい、働きたい（ぜひ住みたい／働きたい＋どちらかといえば住みたい／働きたい）」が約70%と、SDGsへの取り組みが生活者の選好に大きく影響している。

重要視されるゴールは1、3、6。格差是正のゴールにポイントが集まった

「①貧困をなくそう」(49・6%)、「③すべての人に健康と福祉を」(54・4%)、「⑥安全な水とトイレを世界中に」(49・9%)が上位3項目。「⑨産業と技術革新の基盤をつくろう」(12・8%)、「⑫つくる責任 つかう責任」(10・7%)、「⑰パートナーシップで目標を達成しよう」(8・0%)が下位3項目[図5]。傾向としては、一般的に「社会貢献」という言葉からイメージされやすいゴールが上位に、自分事として捉えづらいゴールが下位となった。また、日本の自治体が取り組むべき項目としては、「③すべての人に健康と福祉を」(60・8%)、「⑪住み続けられるまちづくりを」(49・2%)、「①貧困をなくそう」(45・2%)が上位であった[図6]。

取り組みたいSDGsはゴール5、12、14が上位に

重要視される目標とは一転し、当人が取り組みたい項目としては「⑫つくる責任 つかう責任」(17・5%)が上位にあがった。リサイクルやフードロスなど、一生活者として実践しやすい取り組みが含まれているためだろう。また、「⑤ジェンダー平等を実現しよう」(15・4%)や「⑭海の豊かさを守ろう」(15・1%)も上位になっている[図7]。

SDGsの認知が進み、生活者は具体的なアクションを模索する段階へ

生活者がSDGsに取り組むうえでのハードルは「何に取り組んだらよいのかわからない」(46・2%)が最多であった。以下「身近に感じない」(32・6%)、「世間の認知度が高まっていない」(29・2%)と続く[図8]。SDGsというフレームワークは世間に徐々に浸透し始めており、具体的に生活者として何にどう取り組めるのかを模索している状況と言える。

6 日本の自治体が取り組むべきSDGs[図6]

- 3 すべての人に健康と福祉を 60.8%
- 11 住み続けられるまちづくりを 49.2%
- 1 貧困をなくそう 45.2%

7 あなたが取り組むSDGs[図7]

- 12 つくる責任つかう責任 17.5%
- 5 ジェンダー平等を実現しよう 15.4%
- 14 海の豊かさを守ろう 15.1%

8 SDGsに取り組むうえで感じるハードル[図8]

何に取り組んだらよいのかわからない	46.2%
身近に感じない	32.6%
世間の認知度が高まっていない	29.2%
国や自治体の指針が不明瞭である	28.0%
時間や労力がかかる	17.8%

5 SDGsで特に重要だと思う目標[図5]

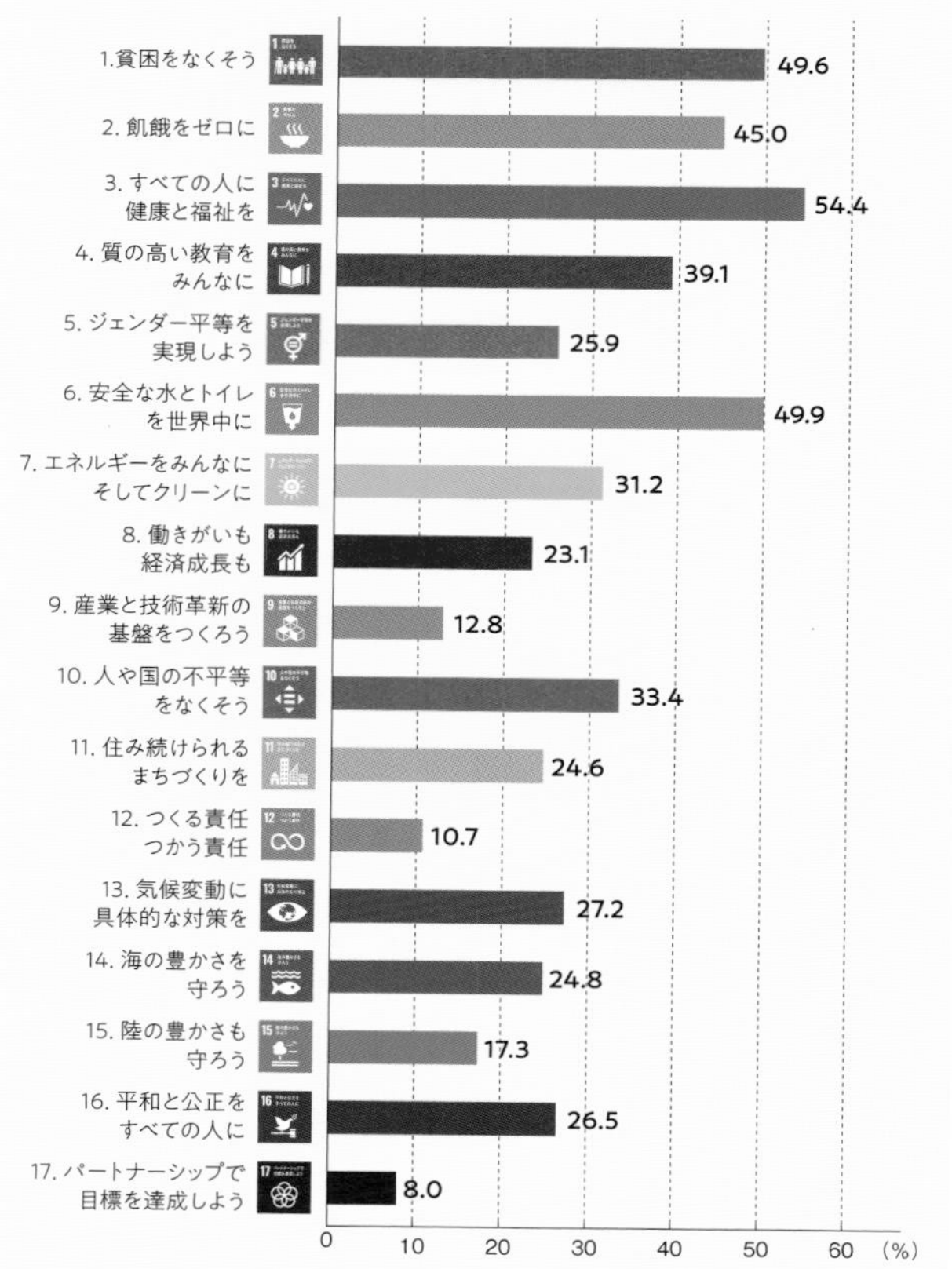

[SDGsに関する意識調査]

○調査対象：全国在住の15 歳以上の男女
○調査主体：(株)東洋経済新報社、(株)WAVE（WAVE・SDGs研究室）
○調査方法：インターネットによるアンケート調査
○調査日：2020年4月　○有効回答数：1,036 サンプル

東洋経済 × WAVE LTD

東洋経済 ACADEMIC シリーズ

教育業界の最先端に切り込み新たな社会価値を描き出す

急速に変化する現代社会の要請に対し、教育業界は何を考え、どう行動するのか。
ここでは、堅実に使命を全うする教育業界の真価を示す東洋経済ACADEMICシリーズを紹介する。

SGU特集

SGU（スーパーグローバル大学）特集

文部科学省が採択した「スーパーグローバル大学創成支援」

全37大学特集

大学教育のさらなる国際化を推進するべく、文部科学省が2013年に創設した「スーパーグローバル大学創成支援」。採択された各大学は特色を生かして独自の構想を練り上げ、全学的な体制で多彩な取り組みを進めている。期待と重責を担いながらも、日本の未来を切り開くために躍動するスーパーグローバル大学の姿に焦点を当てる。

［2016年11月11日 発刊］

SGU（スーパーグローバル大学）特集Vol.2

文部科学省採択「スーパーグローバル大学」の

挑戦の軌跡と今後の展望

文部科学省採択「スーパーグローバル大学」特集の第2弾。新型コロナ蔓延の中、大学は新たな国際化の潮流とその可能性の模索に直面している。その中で、日本のグローバル化を牽引するSGU採択校は新たな取り組みに挑戦し、さらなる国際化の促進に挑戦している。事業開始から7年、戦略を再確認・再構築し、実りある事業を創造しつつある状況を豊富な事例とともに提示する。

［2020年12月18日 発刊］

SDGs特集

SDGsに取り組む大学特集 vol.1

国連が掲げ、世界193の国と地域が合意した「持続可能な開発目標」

SDGsに取り組む大学特集

国連によって2015年に掲げられた「持続可能な開発目標（SDGs）」。この目標が国際社会に与えたインパクトは大きく、人々の思考・行動に劇的な変化をもたらしつつある。日本の大学も例外ではなく、SDGsとの向き合い方を考えるべき時期が来ている。先導的な取り組みを進める大学や、これから取り組み始める大学の現在に迫り、目指す未来を示す。

［2019年7月12日 発刊］

SDGsに取り組む大学特集 vol.2

ポスト2030に向けた

知と実践

SDGsが国連サミットで採択されて以降、その取り組みは大きなムーブメントとなり世界に広がった。5年が経過した今、その活動や成果が注目されつつある。教育研究機関である大学にとってもSDGsの重要性はさらに高まり、「技術革新」と「社会的意義の発信」を担うべく2030年の目標達成に向けて「行動の10年」を模索している。ポストSDGs社会を念頭に動く教育研究機関の真価に迫る。

［2020年6月26日 発刊］

SDGsに取り組む小・中・高校特集

初等・中等教育における SDGs・ESDの 実践

SDGsの達成に向け、世界は次世代への継承へと歩みを進めている。未来を担う子どもたちに託すのは、誰一人取り残さず発展する世界の実現だ。「持続可能な開発のための教育＝Education for Sustainable Development（ESD）」への取り組みで世界を牽引する日本の初等・中等教育の今を見つめる。

［2020年7月23日 発刊］

東洋経済 INNOVATIVE シリーズ

変転極まるメガトレンドの中で、現代人の取り組むべき課題は数知れない。真にイノベーティブでオリジナルな活動のために、何が求められているのか。さらに、創造的かつ鋭敏な時代への感性で変化を糧に成長していくには、今何をなすべきなのか。先端的でダイナミックなさまざまな取り組みに丹念な探索の眼を配し、現在進行中の豊富な事例とともに鋭い分析視野から世に問うシリーズ。

SDGsに取り組む自治体特集

地域で始まる持続可能なまちづくり

「誰一人取り残さない」未来社会の実現を目指す世界共通の目標・SDGs。都市部への一極集中や少子高齢化などの課題に直面する日本の自治体にとって、存続のための必達目標だ。SDGsは現在、持続可能なまちづくりのキーワードとして注目され、各地で先進的な取り組みが広がりつつある。地域社会と私たち一人ひとりができる取り組みを発信し、SDGsの新たな可能性を追求する。

［2021年1月28日 発刊］

東洋経済
INNOVATIVE

2021年2月11日

SDGsに取り組む自治体特集
地域で始まる持続可能なまちづくり

発行者
駒橋 憲一

編集人
折野 美佳

ディレクター
株式会社WAVE／WAVE・SDGs研究室
［西岡 譲二］

編集協力・進行管理
株式会社WAVE／WAVE・SDGs研究室
［芳村 美紀、山下 俊之、村尾 正剛、
入村 英治朗、公手 聡一郎、
木村 ひとみ、杉原 みのり］

取材・執筆
株式会社WAVE／WAVE・SDGs研究室
［西野 博子、伊藤 友樹、廣田 悠、椿 秀介、
益野 陽史、岩本 眞緒、荒木 伸哉、松下 珠梨、
小林 愛理、中村 将大、末原 静二郎、
上山 瑞貴、藤田 彩花、森本 直也］

デザイン
株式会社WAVE／WAVE・SDGs研究室
［濵 祐司、西田 早織、植木 裕香、
寺下 潤、小池 そよ子、雨田 伴慈、鈴木 淑見］

印刷・製本
昭栄印刷株式会社

東洋経済新報社
〒103-8345 東京都中央区日本橋本石町1-2-1
［電話］東洋経済コールセンター　03-6386-1040
［URL］https://toyokeizai.net/

Printed in Japan ISBN 978-4-492-96189-6